重庆脱贫攻坚先锋

·重庆脱贫攻坚创新实践丛书·

全国脱贫攻坚奖获得者先进事迹

[重庆卷]

重庆脱贫攻坚创新实践丛书编写组 组编

重庆大学出版社

序

PREFACE

消除贫困是人类梦寐以求的理想。百年来，中国共产党团结带领中国人民，以坚定不移、顽强不屈的信念和意志与贫困作斗争。党的十八大以来，以习近平同志为核心的党中央把农村贫困人口全部脱贫作为全面建成小康社会、实现第一个百年奋斗目标的底线任务和标志性指标，组织实施了人类历史上规模空前、力度最大、惠及人口最多的脱贫攻坚战。

重庆集大城市、大农村、大山区、大库区和少数民族地区于一体，是全国脱贫攻坚的重要战场。习近平总书记高度重视重庆脱贫攻坚工作，2016年、2019年两次亲临重庆视察指导，亲切看望贫困地区干部群众，给予全市上下巨大关怀、强大动力。

我们时刻牢记习近平总书记殷殷嘱托，对“国之大者”心中有数、肩上有责，全面落实党中央决策部署，团结一心、沉心静气、埋头苦干，交出了脱贫攻坚的硬核答卷，与全国人民一道告别了延续千年的绝对贫困。14个国家扶贫开发工作重点区县、4个市级扶贫开发工作重点区县全部脱贫摘帽，1919个贫困村脱贫出列，累计动态识别（含贫困家庭人口增加）的190.6万建档立卡贫困人口全部脱贫，所有贫困群众实现“两不愁”真不愁、“三保障”全保障。地处武陵山、秦巴山集中连片特困地区的12个区县摆脱贫困，18个市级深度贫困乡镇发生翻天覆地变化，区域性整体贫困得到有效解决。重庆脱贫攻坚取得全面胜利，靠的是习近平总书记的领航掌舵，靠的是习近平新时代中国特色社会主义思想的科学指引，靠的是全市干部群众的艰苦奋斗，靠的是社会各界的倾力支持。重庆的脱贫实践，是全国脱贫攻坚的生动缩影，是中国减贫奇迹的实际体现。

时代造就英雄，伟大来自平凡。在这场勠力同心的攻坚战中，我市数万名扶贫干部倾力奉献、苦干实干，演绎了一场场战天斗地的艰苦壮举，谱写了一曲曲感天动地的奋斗之歌，书写了一个个改天换地的英雄故事。他们当中既有生于斯长于斯的县乡村干部，也有直把他乡当故乡的来渝挂职干部、第一书记、驻村工作队队员和扶贫志愿者。受到中央表彰的先进个人和先进集体，就是他们中的杰出代表。脱贫攻坚战场上，遍地英雄下夕烟，每个人都了不起!

本书辑录了重庆市全国脱贫攻坚楷模荣誉称号获得者（1名），全国脱贫攻坚先进个人（41名）、先进集体（32个）的先进事迹。那一个个坚毅的身影、一桩桩感人的事迹、一幕幕动人的情景、一句句铿锵的话语……就是“上下同心、尽锐出战、精准务实、开拓创新、攻坚克难、不负人民”的伟大脱贫攻坚精神的生动诠释和最好注解。

我们期许并坚信，通过这些感人事迹，将更好地宣传脱贫攻坚涌现的先进典型，充分发挥他们的示范引领作用，不断激励、鼓舞广大干部群众发扬伟大的脱贫攻坚精神，以更加奋发向上的姿态建功新时代、奋进新征程，为巩固拓展脱贫攻坚成果、全面推进乡村振兴、加快农业农村现代化，实现第二个百年奋斗目标做出新的更大的贡献。

我们期许并坚信，这样的精神，将在巴渝大地上薪火相传，生生不息。

编委会

2021年4月

目录

CONTENTS

全国脱贫攻坚楷模

全国脱贫攻坚先进个人

先进集体

重庆
脱贫
攻坚
先锋

全国脱贫攻坚楷模

毛相林

巫山县竹贤乡下庄村党支部书记

毛相林，男，汉族，中共党员，重庆市巫山县竹贤乡下庄村人，现任下庄村党支部书记、村委会主任。该同志43年扎根基层，带领村民打通出山路，走上致富路，先后被授予“时代楷模”“全国脱贫攻坚奖奋进奖”“中国好人”“重庆市优秀共产党员”“重庆市乡村振兴贡献奖先进个人”“重庆市扶贫开发工作先进个人”“感动重庆十大人物”等荣誉称号。

老下庄村坐落在巫山县竹贤乡的大山深处，四周绝壁合围，形似天坑，从村口到村底，落差1100多米，出村只有一条挂在绝壁上的羊肠小道，到县城要走三天。全村近400人住在“井”底，世代与世隔绝。1997年，为了改变下庄村闭塞落后的面貌，毛相林决定向绝壁要出路。但既无资金又无机械，要硬生生在悬崖上抠一条路，村民们都说毛相林疯了。毛相林没有泄气，他首先和驻村干部方世才达成一致意见，然后组织村支“两委”干部统一思想，再开片会、社员会、群众会。他说：“山凿一尺宽一尺，路修一丈长一丈，就算我们这代人穷十年、苦十年，也一定要让下一辈人过上好日子！”就这样，他反反复复和村民打嘴仗、算细账，终于达成修路共识。毛相林带领下庄人克服无数困难，历时七年，终于在2004年修成了8公里长的绝壁天路。

路修通了，但没有能带来稳定收益的产业，毛相林看在眼里，急在心里。听说漆树赚钱，他带领村民在村里培育出2万余株漆树，没想到当年夏天树全部热死了。后来他又在村里养山羊、种桑树养蚕，都失败了，直到请来县里的农技专家才弄懂下庄海拔低不宜种漆树，也不宜养蚕、养羊。毛相林不懂科学地蛮干，耽误了村里的发展，他主动在大会上做了检讨。但毛相林还是不服输，他一定要让下庄村走出一条产业扶贫的新路子。他请来县里农业专家，对下庄的气候、土壤环境进行全面的考察分析，确定了发展柑橘、桃树、西瓜三大产业的计划。为打消村民顾虑，他积极争取县农委补助，组织村民代表到曲尺乡实地考察柑橘产业，还率先种植10亩柑橘，并让开车跑运输的儿子到邻近的奉节县自费学习技术，无偿为村民提供技术支持。他挨家挨户地检查验收，手把手地教。几年下来，全村种下650亩柑橘，还成立了专业合作社进行统一管理，500多亩已挂果，每年给村民增加收入200万元左右。如今，650亩柑橘套种小麦、红苕、土豆，150亩桃园套种西瓜，村里一派生机盎然之景。

截至2019年底，下庄村累计完成64户269人稳定脱贫，贫困发生率降为0.29%，农村居民人均可支配收入达12670元（其中，贫困户人均纯收入达11344.56元），是修路前年收入的40多倍。

毛相林在麦田查看

毛相林和下庄村村民在背运刚采摘的柑橘

重庆
脱贫
攻坚
先锋

全国脱贫攻坚

先进个人

万州区郭村镇集庆玩具服装制衣厂厂长

罗显清，女，1975年7月出生，郭村镇中洋村4组人。2014年，罗显清的丈夫不幸遭遇车祸，无法继续打工，家里6口人的生活陷入困境，村里将其家庭列入建卡贫困户开展帮扶。

在扶贫政策的支持下，她看准了家乡办厂投资少、富余劳动力多、政策优惠等有利条件，利用外出打工学到的管理经验、制衣技术，在郭村镇创办了集庆玩具服装制衣厂，主要生产玩具衣物、饰品等，采取订单生产、来料加工的模式，远销沿海、欧美等地。在镇政府的支持下，罗显清致富不忘本，在招工中特别重视建卡贫困户、残障人士、低保群体，先后招收此类人员11人。在该厂上班的工人每月基本都能挣到2500元以上的工资，实现了在家乡就业的梦想。2017年11月底，她筹集20多万元，租用了新的厂房，扩大了生产规模。

想到以前自己也是贫困户，知道贫困户的苦，罗显清对贫困户也格外关照，只要他们有就业意愿，随时都可以来上班。郭村镇中洋村6组的贫困户陈蓉因学致贫，两个孩子一个读大学、一个读高中，负担很重。以前她找不到合适的工作，在制衣厂务工后，每月都能靠计件取得收入，加上丈夫打工的收入，对脱贫致富很有信心。郭村镇柏木村3组的贫困户蒋腊梅，因老公腿部摔伤成了残疾，孩子读大学开销大，成为贫困户，后来在罗显清的工厂就了业，心里也踏实了。在郭村镇上租房带小孩读书的贫困户张清开夫妇，来自邻近的武陵镇石桥村。张清开患有精神分裂症，妻子要照顾他和上学的孩子，不能外出打工挣钱。罗显清就买来设备送到家中，让他们在家里做，每月能挣2000多元钱。

2018年12月，罗显清的工厂被认定为就业扶贫示范车间，获得上级的项目资金支持后，罗显清扩大生产规模的想法就有了实施的基础。为了解决周边镇乡来厂务工人员的往返问题，经考察，罗显清在武陵镇鹿井村又新设了厂房，增加设备15台，增加就业15人。现在，罗显清厂里吸纳了50多人就业，其中33人来自贫困家庭，2020年厂里培训贫困妇女59人次。

郭村镇集庆玩具服装制衣厂的建成，对解决贫困户就业、促进农民增收、推动脱贫攻坚起到了良好的示范带动作用。

傅飞丁

万州区扶贫开发办公室综合科科长

傅飞丁，从事扶贫工作20余年，始终把脱贫攻坚作为自己的使命和担当，在脱贫攻坚第一线勇挑重担，冲锋在前，真抓实干，以切身行动诠释真扶贫、扶真贫。

脚步丈量大地，手绘扶贫地图

1999年2月，26岁的傅飞丁满怀激情地来到万州区龙宝管理委员会扶贫开发办公室。工作初期，条件艰苦，他却硬是徒步走遍了40个贫困村，实地调研村情、民情和贫情，实地查看地势、地形和地貌，手绘项目规划表，自制项目分布图，最终编制完成重庆市龙宝移民开发区第一个扶贫开发规划，为落实《中国农村扶贫开发纲要（2001—2010年）》、实施整村扶贫计划打下了坚实基础。

两次驻村扶贫，真情奉献一线

脱贫攻坚战打响后，他先后两次主动请缨，到分水镇川兴村、弹子镇人和村担任驻村第一书记。在担任人和村驻村第一书记时，原村“两委”班子没有形成合力，引领发展能力欠缺，导致村党支部是全镇的后进党支部。傅飞丁多次与村党支部书记、村委会主任交心谈心，了解到他们因发展理念不一致而各执己见，才造成互不配合的局面。症结找到了，傅飞丁从中做工作，消除了他们的隔阂，让“两委”班子很快拧成一股绳。为发展当地特色产业，傅飞丁带领班子成员、村民代表等多次开展调研，他主动与区农业农村委联系，邀请果树专家进村指导；他还不辞辛劳辗转奔波，多方争取资金，建设柑橘标准化果园，将玫瑰香橙产业做大做强。如今，人和村已建成150余亩高标准柑橘示范园，投产后每年能为贫困户增收12万元、为村集体经济创收5万余元，还能带动乡村旅游发展。同时，为改善村便民服务中心的办公条件，傅飞丁积极争取资金新建服务中心，使服务中心面貌一新，功能得到升级、设备实现换代，服务更加全面、办事更加便捷。

夜以继日工作，轻伤不下火线

作为区扶贫攻坚办统筹组的一员，傅飞丁时刻牵挂着攻坚项目的筹备情况。为了加快攻坚项目实施进度，他不仅经常往返于贫困村、贫困户之间，更是对全区168个贫困村项目的投资规模、建设内容、建设工期和效益进行逐个核查。工作途中遭受雨淋，发烧至39摄氏度，但他仍坚持白天踏勘、晚上输液；烈日之下中暑晕倒，摔下田坎，但他在老乡家喝了杯糖水便继续工作。在傅飞丁的不懈努力下，全区2015年共整合资金14.3亿元，统筹安排2015—2016年脱贫攻坚项目1903个，不仅使各攻坚项目建设有序推进，还从根本上解决了贫困村的发展基础问题，也为全区贫困村如期出列打下了坚实的基础。

坚持久久为功，助力决战决胜

“青春由磨砺而出彩，人生因奋斗而升华。”傅飞丁在荣获“2019年全国脱贫攻坚奖贡献奖”后，初心不变，热情不减，在脱贫攻坚收官之年，积极投身“定点攻坚战”“百日大会战”和“收官大决战”，奋力统筹推进“战贫”“战疫”和“战灾”各项工作，为万州区按时打赢打好脱贫攻坚战做出了卓越贡献。

二十年如一日，傅飞丁默默地跋涉在扶贫路上，用一颗赤子之心，为贫困户谋出路、为贫困村谋发展，以执着的坚守诠释了扶贫人的担当，以无私的奉献书写了共产党人的忠诚。

翠玉梨产业示范园

黔江区黑溪镇胜地社区村民

自脱贫攻坚战打响以来，王贞六自强不息，依托政府资金和政策的帮扶支持，通过养殖中蜂摘掉了贫困户的帽子。脱贫后他不忘乡亲，和乡邻结成对子，赠送蜂种，手把手教技术，帮助乡亲们养殖蜜蜂增加收入；他饮水思源感党恩，把自己的脱贫故事讲给大家听，激发困难群众的内生动力，让更多的困难群众通过自己的努力脱贫。一路走来，一次次的困难没有压垮他，一次次的磨炼让他更加坚强，他用实际行动诠释了军人不息斗志、不屈不挠、迎难而上的奋进精神。

自强不息，养殖中蜂“摘帽子”

2014年王贞六被认定为贫困户。“人活一口气，树活一张皮。我作为一名退伍军人，骨气不能丢！”“宁愿干活累死，也不要坐等熬死。”2015年9月，不甘现状的王贞六在参加了政府组织的中蜂养殖培训班后，下定决心通过养蜂来改变贫困。他刻苦学习养蜂知识，提高养蜂技术，依靠政府到户产业补助和借来的资金买回中蜂35箱。他虚心请教，努力钻研，当年发展中蜂种群69群，实现蜂蜜销售收入约5000元、蜂群销售收入1050元，一家人顺利实现了脱贫。2016年，在区扶贫办和镇政府的大力支持下，他申请政府贴息贷款，成立了黔江区担子坪中蜂养殖股份合作社，扩群132群，实现收入近9万元。

饮水思源，带贫助农“结对子”

“一人富不算富，乡亲富才算富。”王贞六脱贫后没有忘记乡亲们，他饮水思源，把帮助之手伸向需要帮助的乡亲们。2017年，他和25户建卡贫困户结成对子，送给他们35桶中蜂，风里来、雨里往，为村民讲养蜂技术、提供技术服务。在他的带动和指导下，胜地社区有12户贫困户从事蜜蜂养殖，每户养殖规模均在5箱以上，每年至少能增收4000元，越来越多的贫困户在他的帮扶下增加了收入，参加合作社的25户建档立卡贫困户都脱了贫，过上了好日子。

日出武陵

宣讲引领，示范带头“树样子”

2019年，王贞六自强不息、带贫脱贫，获得“重庆市模范退役军人”“全国脱贫攻坚奖奋进奖”表彰，他的事迹在黔江广泛流传。他多次受邀作为技术人员为中蜂养殖技术培训班授课，把自己的养蜂经验传授给大家；他把自己受党恩、通过努力脱贫的故事讲给大家听，激发困难群众的内生动力，鼓励贫困群众通过自己的努力摆脱贫困，感染激励更多人奋进。宣讲后，不少贫困户被他的事迹打动，以他为榜样，学习他不等不靠、自力更生的奋斗精神。2019年，黑溪镇胜地社区11户52人按期脱贫。

砥砺前行，自加压力“挑担子”

王贞六觉得获奖不是终点，身上的担子更重了、责任更重了，获奖成为激励他继续前进的动力，也成为鼓励他继续帮带和宣讲的新起点，他说要把养蜂技术传授给更多的人，他还想把自己的脱贫故事讲给更多人听。如今，王贞六开始探索实践“花—果—蜂蜜—中蜂培育”农业模式。2020年，他成为黔江区蜜蜂产业协会理事长，他说还想依托政策，发展蜂蜜适度规模深加工，增加产品附加值，打开更加广阔的销路，增加更多的收入。

刘昶

黔江区金溪镇山坳村驻村第一书记，
重庆医科大学附属第二医院治安主管

刘昶同志自2017年9月担任重庆市黔江区金溪镇山坳村驻村第一书记以来，认真学习贯彻习近平总书记关于扶贫工作重要论述，坚持扎根在脱贫攻坚一线，忠诚担当，履职尽责，精准施策，勤勉工作，带领山坳村建卡贫困户80户330人全部脱贫，全面实现“两不愁三保障”的目标任务。重庆市卫生健康委扶贫集团驻乡工作队在黔江区金溪镇打造的扶贫“三金”品牌中，刘昶同志牵头做了大量艰苦且富有成效的工作。

牵头打造“金溪护工”，塑造服务品牌

利用所属重庆市卫生健康委扶贫集团成员单位医疗机构众多的特点，刘昶同志动员并成功回引在广东做专业护工的山坳村村民田维仙，创立“金溪护工”（重庆健之情健康管理咨询有限公司）扶贫品牌，培训以妇女为主的农村剩余劳动力成为专业护工，并进行规范管理，推荐她们到各大医院上岗。在各级党委政府、市卫健委扶贫集团的支持下，公司已培训护工人员373人，稳定就业202人，其中，建档立卡贫困户67人。目前，除主城及黔江区外，彭水、秀山县医院也有“金溪护工”就业，人均月收入可达4000元，切实达到了“培训一人、就业一岗、脱贫一户”的效果。公司与金溪镇6个村签订分红协议，将产值总额的3%反馈给村集体经济。

牵头打造“金溪被服”，助推产业扶贫

2019年初，依托扶贫集团行业优势，刘昶同志再次挖掘本地人才力量，两次前往湖北动员从事服装加工销售的本村共产党员、退役军人刘廷荣返乡创业，创建“金溪被服”（重庆卫之情服饰有限公司）扶贫车间，主要生产医用被服、校服等产品。采取“公司+扶贫车间+贫困户”模式，优先为贫困群众提供在家门口就业的机会，已累计吸纳建档立卡贫困户61人，残疾人15人就业。公司产品已通过中国社会扶贫网扶贫产品认证，实现订单生产2000余万元，达到规模以上企业标准。推动公司与金溪镇8个村建立利益联结机制，每年将产值总额的1.5%纳入各村集体经济中，2019年至今向金溪镇8个村（居）共分红10万元，2020年度分红金额约30万元。

牵头打造“金溪竹器”，创建扶贫车间

通过借鉴“三金”品牌的成功经验，刘昶同志发掘当地丰富的竹资源，鼓励动员山坳村村民姚兴付创建“金溪竹器”（重庆坳竹风竹制品加工有限公司）扶贫车间，主要生产竹签、棉签等竹制品，公司已于2020年11月4日正式投入生产。目前公司招收员工13名，其中10名是当地的建卡贫困户，且每名员工保底工资为1800元。公司将产值的1%纳入山坳村集体经济，带领村民发展起又一致富产业。

2020年8月，国扶办副主任陈志刚深入金溪镇调研脱贫攻坚工作时表示，扶贫“三金”品牌“组合拳”模式国内少见，也真正扶到了“点子”上，让群众就业有渠道、增收得实惠。市委市政府“四大家”领导先后前往调研“三金”品牌，均给予了充分肯定。“三金”品牌于2020年被国扶办确定为中国扶贫交流基地重点参观点。

林海

杨云刚

北碚区印光蜜蜂养殖专业合作社负责人

杨云刚，男，55岁，金刀峡镇小华蓥村青山沟组村民。2003年，他在天府矿务局三汇三矿务工时受伤，被认定为肢体四级残疾。受伤后，他没有怨天尤人，没有“等靠要”，坚强面对生活中的挫折和磨难，用辛勤的汗水改变了自己的命运，成为一名身残志坚的养蜂人，靠自己的双手勤劳致富，并带动周边贫困户养蜂，让他们如期实现脱贫。

自强不息，身残志坚

2003年，39岁的杨云刚在煤矿打零工时，突遇矿内一根支柱倒下，致其左大腿根部辅骨断裂。这对于一个三口之家而言，犹如晴天霹雳。杨云刚卧病在床，无任何劳动能力，孩子尚且年幼，靠着妻子打工维持生计。即使生活条件举步维艰，他也没怨天尤人、自暴自弃。为了能早日撑起整个家，他积极配合治疗。2005年，他能下床拄双拐行走；2008年，他的左腿基本康复，但留下了跛脚的后遗症。他明白，等待政府的救助是被动的，生活只有靠自己的双手去打拼，才能越来越好。伫立许久，他终于下了一个决定——养蜂。

坎坷蜂路，荆棘踏平

有了雄心壮志后，杨云刚便向曾经也养蜂的岳父取经。在岳父的教导和帮助下，他开始摸索着养殖“中蜂”品种，四处奔波后，终于将蜜蜂们安置好。但就在夫妻俩以为可以松一口气时，意外却发生了。杨云刚在某天检查蜂箱时，发现许多小蜜蜂竟突然死掉，蜂蜜也被严重破坏。看着一片狼藉的蜂箱，自己的心血毁于一旦，杨云刚震惊不已的同时又心痛万分。

“马蜂要偷吃蜂蜜，牛角蜂甚至还要咬小蜂。”这次的害虫危机严重打击了杨云刚。害虫是一大难点，防不胜防，有时半夜还要去蜂箱处折腾一番。在坚持不住的时候，他总是想想过去更艰难的日子，咬咬牙又坚持了下来。他每天观察、思考、寻求出路，终于总结出检查规律。克服了这道难关，杨云刚比以往更加坚毅。在他的悉心照料下，从2008年至今，蜂箱已经由原来的几箱发展为100多箱。2014年6月，杨云刚建立残疾人创业（养蜂）基地，并成立了重庆市北碚区印光蜜蜂养殖专业合作社。

心怀感恩，回馈社会

近年来，在各级政府，市、区残联的关心关怀下，通过农技辅导、资金支持、长效帮扶等多种形式递上脱贫“拐杖”，帮助农村残疾人走上致富大道。在农技专家的帮助下，杨云刚将养殖场整改得更加标准、更加规范。

“我一定尽力把养蜂事业做好，回报社会和乡亲。”杨云刚选择将这份情谊传递下去，回馈给社会，带动小华蓥村村民一起脱贫致富。目前，他已教授小华蓥村30名村民养蜂，与3户贫困户签订了带贫协议，并且持续带动发展。杨云刚自己家已有160桶蜂，平均每年可产蜂蜜1000余斤；全村已有300桶蜂，平均每年可产蜂蜜3000余斤。

坚韧推开了困难，勤劳战胜了贫穷。杨云刚在自身条件艰难时，咬牙坚持，砥砺前行，即使在黑暗中摸索，也不自暴自弃。得到政府的资助后，他心怀感恩回报社会。杨云刚用自己身残志坚的精神鼓舞着小华蓥村的每一个贫困户，受到广大村民的一致好评。

丰收喜悦

全国脱贫攻坚先进个人

杨云刚

黄志

渝北区大盛镇青龙村党总支书记

2010年，24岁的黄志放弃在外每年20多万元收入的建材生意，毅然选择回到家乡，凭着一股“初生牛犊不怕虎”的“蛮劲”，从综合治理干部到党总支书记，坚持把贫困群众的安危冷暖放在心上，从贫困群众关注的小事实事入手，大力实施道路硬化、水利电力设施建设、人居环境整治等项目，持续改善贫困群众生产生活条件。五年时间让贫困户全部脱贫，把贫穷落后的青龙村建设成为美丽乡村，从民心到村貌，全村发生了翻天覆地的变化。

扎根基层，扶贫用心用情

不分天晴下雨，黄志坚持每周走访6户建卡贫困户和1户边缘户，把他们当成家人，把他们的事当成自已家的事。在全面摸清贫困户底数和致贫原因的基础上分类施策，为每一户贫困户打开脱贫思路、制定合理有效的脱贫办法。通过C、D级危房改造政策，4户贫困户住房问题得到解决；通过介绍工作、安排公益性岗位等措施，4户贫困户有了稳定的收入来源。贫困户唐照益遭遇车祸后，黄志多方联系协调，聘请律师帮助谈判，为其多争取赔偿金10万元，并协调硬化其入户公路，解决出行难题。贫困户梅龙全和妻子曾永碧都年岁已高，患有心脏病、类风湿和高血压等疾病，无劳动能力和固定收入来源，黄志每年购买鸡苗、鸭苗亲自送上门，等鸡鸭成熟了又上门收购，以此帮助他们脱贫增收。

发展产业，带动全村致富

2016年黄志当选青龙村党总支书记后，以实施农村电网改造这个当年群众不理解、不支持的“老大难”问题作为突破口，仅一个月就顺利完成农村电网改造，迅速凝聚起党员干部群众发展共识。针对全村70%的土地严重撂荒的现状，黄志决定组织全村7个社517户村民土地集体入股，从提出建设规划到破土动工仅仅用了两个多月时间。2019年，青龙村建成全市第一个丘陵山区宜机化水果基地2350亩。黄志自掏腰包带领党员代表到外省考察农业产业发展现状，发展经济价值高的中晚熟柑橘，累计种植1800亩、6万余株。为保障村民利益最大化、集体经济持续发展，黄志在全市率先提出“8：2+1”集体经济分配模式（经果林收益的80%直接分红给农户，剩余20%归集体，果园行间套种作物收益的100%归村集体，再以户籍股的方式直接分配给农户）。同时，组建以党员为骨干的农机专业服务队，回引劳动力回村就业，全面实现机械化耕作，并对外承接业务，2020年实现村集体收入187万元。2021年，柑橘进入丰产期，全村柑橘产量预计达6600吨，总产值4000万元，村集体经济将实现收入350万元以上，农民年人均增收1万元以上。

心怀理想，志在乡村振兴

在黄志的带领下，青龙村在“面”上抓道路、水池、电力、网络、人居环境整治等项目的实施，“点”上推进危房改造、就业帮扶、医疗扶持入户。按照“八改六化”的思路，以改水、改路、改电、改厕、改厨、改院、改圈、改房为整治重点，以净化、绿化、美化、硬化、亮化、文化为整治标准，全面推进人居环境整治和旧房提升工程，完成太和场、蒋家湾等人居环境示范点30户、示范片115户，完成卫生厕所改建42户，持续提升青龙村村民的生产、生活环境，靓化全村村容村貌。目前，青龙村正在打造依山傍水的田园居住环境，乡村旅游初具规模，成功创建“重庆市市级生态村”。

晒秋

巴南区东温泉镇扶贫办专职副主任

梁正勇同志从2015年5月开始就负责东温泉镇扶贫工作，重点联系市级贫困村——黄金林村。在扶贫工作中，梁正勇始终牢记共产党员的初心和使命，勇挑重担、砥砺前行，咬定目标、苦干实干，为全镇脱贫攻坚工作做出了突出成绩。

积极创新，善做勤学肯钻的“领路人”

针对贫困户精准识别和帮扶的问题，梁正勇在全区率先提出村民小组评议法，从根源上降低了错评、漏评风险；针对因病致贫家庭的返贫风险问题，他提出对自付超过3000元的部分由镇再次兜底的办法，有效降低了因病返贫风险；针对千头万绪的扶贫工作，他制定“扶贫任务清单”工作法，随时准备一张A4白纸，清单式列出工作任务，完成一件销号一件，四年多来将任务清单变成了沉甸甸的工作实绩。2019年底，全镇221户（672人）贫困户全面稳定脱贫，2020年全镇脱贫攻坚各项工作有序收官。他在扶贫工作中的一些经验做法也常被作为典型在全区推广。

勤于耕耘，勇当产业扶贫的“开荒者”

为了全身心做好扶贫工作，梁正勇不计名利，主动辞去镇农服中心负责人一职，常年骑着单车，不是走村入户就是在走村入户的路上，被群众亲切地称呼为“单车扶贫干部”；他带领黄金林村精准发展产业，建起了“十里花果长廊”“兴农柑桔基地”“九花谷”等产业项目，总规模近2000亩，农户以土地入股、保底分红、就近务工等方式参与产业发展，实现了黄金林村农业产业从无到有再到壮大的良好局面。2019年底，该村金丝皇菊茶已投产见效，产值40余万元。2020年接待游客达10000余人次，产成品菊花2000余斤，产值超100万元，村集体和农户增收约50余万元。全村48户贫困户通过利益联结逐步走上了稳定增收、全面小康之路。

用心用情，成为情暖村民的“家里人”

梁正勇工作中忘我奉献，全身心投入在自己热爱的扶贫工作中，加班到凌晨、无节假日已成为家常便饭，单位同志都称他为“老黄牛”。他无暇照顾患有脑梗塞半瘫在床的母亲、在外打零工的老婆和读高中的儿子，却对全镇所有贫困村和贫困群众的基本情况了然于胸，贫困户不管是遇到困难问题还是喜事好事，都会第一时间找他解决、与他分享。有个贫困户叫韦宗福，自己得了癌症，因为穷，儿媳妇离开了家，孙女又在读书。梁正勇了解情况后，主动介绍韦宗福的儿子去打工，帮其孙女申请学校的助学金，还在政策范围内为其申请了镇级困难补助。韦宗福一家对梁正勇很信赖，也很依赖：鸡喂大了，找梁正勇想办法卖；生病了，给梁正勇打电话，请求协助办理住院手续；出院后，梁正勇担心韦宗福身体虚弱容易着凉，就买了一床电热毯送过去。每次离开他们家，韦宗福73岁的老伴都要出门送梁正勇，送到很远，抓着他的手不肯放开，就像送别亲人出远门一样。

梁正勇工作中严格遵守中共中央八项规定精神和各项纪律规定，管理扶贫资金项目规范透明，进村入户不拿群众一针一线。由他负责全镇扶贫工作，镇领导放心、老百姓安心。

绚丽新农村

长寿区江南街道农业服务中心副主任

谢向红同志无怨无悔扎根基层三十余载，始终听党话、跟党走，用实干、实绩践初心、担使命。他始终牢记习近平总书记“必须打赢脱贫攻坚战”的殷殷嘱托，勇挑重担，迎难而上，廉洁自律，出色完成脱贫攻坚各项工作任务，荣获“2017年重庆市扶贫开发工作先进个人”。

靶向施策解民难

为完成农村危房改造，谢向红同志多次遍访贫困户了解民情，争取政策资金解民困，摸清底数实情，靶向施策，积极协调落实。天星村贫困户王永培一家所住土木结构房屋因连日大雨有损毁危险，谢向红接到求助后，立即向区扶贫办报告，为王永培争取增补危房改造指标，并主动协调占地矛盾，帮助老王家新房落地。五年来，江南街道共有209户“四类对象”完成了危房改造，享受补助资金580.5万元，实现应改尽改，住房安全保障成果稳步提升。

志智双扶挖内潜

天星村因自然条件恶劣，贫困户“等靠要”思想严重。谢向红看在眼里、急在心里。他充分了解基本情况后，耐心细致坚持开展“志智双扶”工作。其中，脱贫户王宏夫妻矛盾突出，他登门劝说十数次，指导增收致富办法，终于扭转两人观念，助其主动劳作增收。如今，王宏在重钢轧钢车间务工，月收入3000元；妻子就近务工，在家种蔬菜1亩、养猪2头、养鸡50余只，全家年收入超过4万元。

强基固本换新颜

天星村是长寿10个贫困村之一。为完成整村脱贫工作，谢向红主动请缨前往攻坚，带领天星驻村工作队、村支“两委”干部一家一户走访、田间地头询问，摸清基本情况后，决定把基础设施建设作为脱贫的突破口。2015年以来，他积极协调落实资金2500余万元，完成公路硬化整治16.5公里，新修人行便道10.6公里，解决出行及运输难题；协调

沸腾的生活

资金90余万元，解决600余人饮水及灌溉难题；积极争取扶持资金1000余万元，先后建成“一村一品”700亩枇杷园、100亩蔬菜园等。如今，天星村农业农村欣欣向荣、农民群众笑逐颜开、党群干群鱼水情深，真正实现了旧貌换新颜。

急难险重勇担当

共产党员是一面旗帜，关键时刻挺身而出。谢向红同志不仅是这么说的，更是这么做的。疫情期间，贫困户购买农资不便、农产品滞销，老谢甘冒风险，联系商会和农资供应商，为贫困户购送农资，并代售农产品1.2万元。他在防疫一线连续奋战了两个月，有效保障了贫困户的生产生活，詹成文、刘保华等贫困户逢人便夸党和党的干部好。2020年3月底，为助推企业复工复产，他又进企业、下田头、走工地，确保了天星村扶贫重点项目饮水主管网安装6公里、天星村“一村一品”700亩枇杷园内管网8公里、人行便道10公里、蓄水池3个等如期完工。为缓解非洲猪瘟对贫困户养殖造成的损失，老谢帮助他们联系岗位并及时转产。贫困户王永培家死亡大小猪12头，在他的帮助下，通过培训、指导、帮扶，发展养殖、枇杷加粮食种植，再加上务工，年人均纯收入达到了1.9万元。8月长江洪峰过境时，他在抗洪一线连续工作48小时，完成十几户人员的安置及财产搬迁工作。

老当益壮，不移白首之心。谢向红同志尽管年逾知命，但始终保持年轻干部的拼劲、韧劲和干劲，冲锋在“战疫”“战贫”一线，绘就了一幅“用脚步丈量土地，用真情赢得民心”的感人画面。

孟玲

江津区西湖镇扶贫开发中心负责人、镇团委书记

敢于担当，勇做脱贫攻坚“带头人”。2018年，作为两个孩子的母亲，孟玲顾不得悉心陪伴，毅然决然服从组织的安排，勇挑扶贫开发中心工作重担。她经常讲：“我是农村娃，不怕苦；我是共产党员，不能退。”于是，她站进了扶贫队伍，团结带领扶贫开发中心同志，不折不扣贯彻执行上级部署和镇委工作安排，统筹全镇扶贫干部一起向脱贫发起决战决胜攻坚战。

真抓实干，铸就脱贫攻坚“多面手”。入职不久，她带领扶贫开发中心的同志们对贫困群众进行再次核查。她白天走基层、下农村、进农户，晚上登台账、细筛查、录系统，严格对标，对疑似贫困群众，她总是亲自上门调查复核，她说：“不能麻痹疏忽，在脱贫路上掉队一人；不能无视冷漠，剥夺群众脱贫机会。”几轮排查下来，全镇无一人错评、无一人漏评。

用心用情，当好脱贫攻坚“实干家”。脱贫的关键在于解决问题。她每次入户总要关心贫困群众的生产生活，对群众反映的问题，她都细心地记在小本上，收集回来和大家共商办法，为群众解决了很多实际困难。在2020年疫情防控期间，她还为困难群众送口罩，多方协调备农资，收集岗位推就业，全力帮助困难群众复工复产。尽管有时候从村里回来赶不上一口热饭、没有更多的时间陪孩子、无法照顾生病的家人，但是她没有任何怨言。在她看来，群众脱贫过程中的困难千千万万，只要紧盯问题，久久为功，问题终会一一解决，脱贫就会多一分胜算。

开拓创新，做好脱贫攻坚“前行者”。在日常繁杂工作缠身的同时，她还主动和驻村工作队、村（居）“两委”、群众代表商讨扶贫产业发展。经过无数次走访群众调研，科学选定并引进发展了魔芋产业、金银花种植、茶叶种植等3000余亩。她还参与农企谈判，最大程度为群众争取保底政策。邀请农业产业专家到镇村开展技术培训，到田间地头现场指导，帮助群众解决了产业发展的系列技术问题。产业发展的红利让群众在产业扶贫中尝到了甜头，增强了脱贫信心。

坚定信念，誓做脱贫攻坚“追梦人”。经过多年努力，困难群众“两不愁三保障”问题已得到全面解决，甩掉了“脏、臭、懒、穷”的旧习，赢得了“勤、洁、志、富”的新赞。“志智双扶”和群众增收实现良性互促。2020年，全镇712户2340名贫困人口实现脱贫，贫困户家庭年人均纯收入达11751元。站在新的历史发展起点，她将继续担起“答卷人”的职责，服从组织、服务群众，全力以赴，持续巩固脱贫成果，衔接乡村振兴，奋斗无悔青春。

陈国强

綦江区石壕镇扶贫办主任、镇农业服务中心主任

陈国强同志坚持用习近平总书记扶贫论述武装头脑，不断提高自己的工作能力和水平，把增强“四个意识”、坚定“四个自信”、做到“两个维护”融会贯通到工作之中，把打赢脱贫攻坚战作为首要任务来完成。他从产业发展、就业帮扶、集体经济、倾力助贫等多方面着手，用“四则运算”巧解脱贫攻坚“方程式”，全面完成脱贫任务，不断夯实扶贫发展后劲。

发展多元产业做“加法”扩增量

陈国强作为“农业人”，坚持以品牌为着眼点，在15个村各培育了1~2个优势产业，精准推进九大特色产业发展。建成田园综合体、杨梅采摘体验基地、富农脆红李基地，形成春赏花、夏品果的游客集聚效应，把“花坝糯玉米”“花坝方竹笋”“花坝中蜂蜜”“香三隆稻米”“石壕脆红李”“石壕杨梅”“嘉綦财山土猪腊肉”等培育成知名度较高的“土特产”。

用心就业帮扶做“减法”消存量

新冠疫情给扶贫工作带来诸多难题，陈国强数次向镇党委汇报解决办法，他创造性地提出“我们自己办厂招工”解决一部分、联系外出务工解决一部分、低保兜底解决一部分、开发公益性岗位解决一部分的建议，得到镇党委的充分肯定。2020年全镇务工就业贫困人口达674人。一是持续加大对建卡贫困户和边缘户公益性岗位开发力度，安排公益性岗位232人。二是创办扶贫车间3个，带动90人就业，每月人均收入可达3000元。充分利用小额贷款455万元，助力246户贫困户发展致富产业。实现贫困户产业财政补助248户、103.8万元，培育贫困户规模经营户12户。三是公司带动就业促增收。全力服务好正大集团等标准化养殖企业4家，为石壕吸引投资2.35亿元；建立“公司+农户+贫困户”利益联结运营模式的企业有43家，累计带动农户543人，促进农民增收212万元。四是帮销扶贫促增收。大力开展农产品帮销行动，建成7个电商服务站，助销农产品400万元。

做优集体经济做“乘法”提质量

全面消灭“空壳”村，全镇15个村均成立村集体公司，2020年村集体经营收入677.4万元，实现利润60.93万元。特别是万隆村“三变”改革市级试点进一步深化后，实现第三次集体分红9万多元，每股从45元增加到60元。

倾情倾力为“亲人”做“除法”助脱贫

2018年8月6日，少数民族贫困户王小波的四女儿王露在重庆住院4个多月，花费医药费36.8万元。陈国强毅然担负起帮扶责任，争取相关医疗补助政策，累计报销医药费30.9万元，还通过水滴筹平台筹、临时救助、大病补助、企业人士捐款、学生保险等筹集资金共11.34万元。2019年初，他帮助王小波在村里申请到公益性岗位1个，每月工资1600多元；申请低保，每月1240元；同时为王小波筹集资金5万元用于房屋改造，王小波一家搬进了新家，居住环境得到进一步提升。此外，他还帮助、指导其发展盆景种植，每年收入1.5万元。同时，他还先后对十多户贫困户进行帮扶。全镇两个贫困村、13个非贫困村共479户1615人全部稳定脱贫。“两不愁三保障”、一达标得到彻底解决，贫困户的家庭生活得到明显改善。

脱贫路上没落下，陈国强用行动践行了在扶贫手册上签下的承诺。

公路修到家门口

大足区宝顶镇铁马村驻村第一书记，
重庆市人民检察院第一分院三级高级书记员

从事脱贫攻坚工作以来，马庆海同志恪尽职守、踏实工作、攻坚克难、大胆创新，认真履行好“第一书记”职责，与驻村工作队同志走村入户、栽李修路、引资带货，用情用心用力用功用智抓好扶贫工作，带领铁马村干部群众一道，走出了一条“思想扶贫+产业扶贫+消费扶贫+基础扶贫+智力扶贫”的新路子。目前，全村94户278名建档立卡贫困户均已高质量脱贫。2020年，铁马村获评重庆市脱贫攻坚工作先进集体。

抓思想扶贫，用情为群众

坚持以习近平新时代中国特色社会主义思想为指导，以党建引领脱贫攻坚工作。充分发挥基层党组织的战斗堡垒作用，提出“兴产业、聚资源、补短板、润人心、亮面貌”的15字扶贫“铁”律，发挥铁马村两个党小组66名党员的力量，通过“三会一课”“主题党日活动”“院坝会”等多种形式带领村民深入学习贯彻习近平总书记关于脱贫攻坚系列重要讲话精神，入户走访建卡贫困户1000余人次，把脱贫攻坚的目标、政策和措施带到田间地头、带入村居人户，让更多的群众了解扶贫、参与扶贫、支持扶贫，切实转变贫困群众脱贫“等靠要”思想，帮助其树立战胜困难的信心和决心。

抓产业扶贫，用心谋发展

把产业扶贫作为脱贫攻坚的关键，探索出“扶贫产业+产销游”一体化扶贫模式，以“龙头企业+基地+合作社+贫困户”推动发展扶贫李子600亩、花椒1200亩等，实现由输血向造血的转变，切实推动扶贫产业可持续发展。通过流转土地、就地务工、入股分红等方式带动群众参与产业发展，先后成立雷打岩李子专业合作社和重庆扶持园花椒种植股份合作社，94户建卡贫困户全部加入合作社。引入重庆香福农业发展有限公司来村种植花椒，吸纳6名贫困户在公司“扶贫车间”务工就业。

抓消费扶贫，用力助增收

紧盯网络电商、直播带货等新兴消费模式，先后成立益农信息社、大足区新专联网络电商扶贫基地，借助互联网手段把铁马村的农产品第一时间送到千家万户，切实解决贫困户产品销路的问题。专门聘请“网络达人”直播带货，通过“上网路+跑店铺+订单收+采摘游”的方式让全村10万斤李子、15万斤花椒销售一空，确保群众增收。加强发展壮大集体经济，村集体收入达到52.2万元。

抓基础扶贫，用功促环境

大力开展基础设施建设，打通扶贫暖心通道。争取项目资金2500多万元，新、改建公路22.65公里、人行便道40公里，安装自来水486户（其中建档立卡贫困户83户），修建整治山坪塘14口、蓄水池38口，改造危旧房85户（其中建档立卡贫困户50户）等，社保、医保、精准脱贫保、义务教育等全部实现百分之百覆盖。

气象一新

抓智力扶贫，用志解难题

坚持以人民为中心，摸索出“政府部门指导+互助组织负责+社工机构引导+社会力量协同”的四维立体参与式城乡互助养老模式，并在全区推广。促成市检察院一分院结对宝顶镇希望小学，开展“志智双扶”及结对慰问，建成未成年人法治教育基地。推行“四点半”课堂，聘请退休教师担任课堂老师，解决儿童下午放学后无人看管问题。

璧山区健龙镇小河村村民

魏德惠1982年高中毕业，此后一直在家务农，2005年前往上海打工，2012年因一场变故从上海辞职回家。当时正值女儿上学、母亲又生重病之际，家里仅能依靠丈夫1000多元的打工收入维持生活。鉴于家庭的实际困难，魏德惠家在2013年被纳入了建卡贫困户。

魏德惠作为一名中国共产党党员，一度因“贫困户”这个不光彩的“帽子”而情绪低落，但时值健龙镇大力推动“双扶”发展，针对缺乏脱贫信心、存有“等靠要”思想的贫困户开展了一系列扶志扶智专题教育活动，为贫困家庭找病根、抓要害、明路子。魏德惠逐步克服了心理上的障碍，开始接受自己“贫困户”的身份，并且想方法、想路子，想通过自己的努力早日致富脱贫。有了致富动力，魏德惠主动找党支部书记想办法解决困难，多方探索适宜产业。聚焦“璧山兔”发展的上行趋势，璧山肉兔量供不应求、价格高、成本低，魏德惠从购买10只兔子开始了她的养兔创业之路。

魏德惠看中了自繁自养的养殖模式，这样能最大限度地降低养兔成本，但繁殖小兔并不像魏德惠想象的那样简单，自繁自养有一堆技术问题等着她。一方面母兔缺乏专业的种兔疫苗接种，兔种质量、配种环境等客观因素影响着配种成功率；另一方面母兔繁殖完后还要面临生产、哺乳和幼兔长势等问题，如何提高断奶体重、料肉比，如何减少出栏时间等，每个环节都考验着魏德惠的耐心和精力，更挑战着她养兔的经验和技术。初期，面对“无门路、缺技术”等现实困难，魏德惠好学、肯钻研、不认命，多次请教周围的养兔大户，到处参加养兔专业培训，得到了市、区、镇畜牧服务部门提供的专业技术指导，她又自己买专业书籍回家研读，种种努力使魏德惠最终掌握了一定的养殖技术。至2014年底，魏德惠的兔场共计出栏商品兔3000余只，收入两万余元。2015年，魏德惠顺利脱贫，依托逐渐成熟的养殖技术逐步扩大了养殖规模。2018年，魏德惠通过5万元的扶贫小额信贷建设了标准化兔棚，配齐配强养殖设备，兔场种兔达到240只，出栏商品兔达8000余只，年利润近10万元。一花独放不是春，万紫千红春满园。魏德惠自己脱贫致富后，充分发挥党员的先锋模范作用，带领10多户贫困户一起养兔。她悉心指导养殖技术，共同拓展销售渠道，在她的带动下，养兔规模不断扩大，也带动了周边群众的共同发展。2019年，魏德惠被评选为“2019年度璧山区十佳脱贫致富光荣户”。2020年，魏德惠夫妻俩的兔舍出栏肉兔两万只，纯利润达到30万元。

在实现脱贫攻坚战全面胜利的征途上，正因为有了像魏德惠这样不等不靠、自强自立的脱贫榜样带动，才激发了越来越多贫困户的脱贫信心，坚定了阔步向前同奔小康的奋斗决心。

赵安福

铜梁区水口镇树荫村党支部书记

从2011年至今，赵安福同志在市级脱贫村水口镇树荫村历任村主任、村党支部书记，始终牢记习近平总书记殷殷嘱托，十年如一日坚守在扶贫工作第一线，将所有精力、时间投入到帮助全村贫困群众脱贫致富中，以不忘初心、心系家乡的情怀，以知重负重、攻坚克难的担当作为，以埋头苦干、真抓实干的务实作风，帮助全村95名建卡贫困户高质量脱贫，推动树荫村从市级贫困村嬗变为乡村振兴示范村。

“不称职”丈夫变身“三早”书记

在妻子吴必川眼中，赵安福是一个没有家庭责任感的丈夫，大部分时间都不在家中，更谈不上照顾家庭；他跟妻子有时几天见不到面，但却会天天出现在贫困群众家中。在村民看来，赵安福却是上班比机关干部早、到扶贫产业基地比务工人员早、入户走访比贫困群众起床早的“三早”书记。他最惦记的是全村贫困群众的“两不愁三保障”情况，日复一日、年复一年关心贫困户，随时了解掌握贫困群众的困难和需求，第一时间帮助贫困群众解决住房、饮水、看病、教育等问题。近五年来，赵安福带领树荫村群众改造C、D级危房137处，全村集中供水率由40%提升至98%。

“跑路”老板变身致富“领头雁”

赵安福中学毕业后，从泥水匠干到建筑承包商，是水口镇附近有名的小老板。但是在赵安福心里，始终牵挂家乡的发展，因此毅然决定“跑路”，回村当村干部，带领乡亲发展产业增收致富。他全身心投入到树荫村扶贫产业发展中，自费购买10余种果树、肥料等，在自家田地反复试验，最终确定以适合当地种植的血橙、脆桃等作为产业，到武胜、安岳等20余个区市县实地考察学习果树种植管护技术，最终树荫村血橙被四川航空确定为航空食品。近年来，赵安福带领树荫村申请扶贫资金2500万元，规划落实扶贫项目23个，牵头组建康山水果专业合作社、使君子花卉专业合作社、“花语果乡”产业基地，发展血橙、香桃、长叶香橙等优质水果500亩、小杂水果1000亩，培育成功使君子花卉苗木6万余株。

“败家子”变身精明“当家人”

赵安福以前当建筑承包商时，每年收入几十万元，家庭富足美满。自从回树荫村当了村干部，付出的时间和精力是以前的数倍，年收入却只有几万元。就是这几万块钱的收入，他也从来没有交给妻子。树荫村的村民帮赵安福算过一笔账，他每年外出考察水果管护技术、走访群众等的油费以及自费为生活困难群众送米、面、油等开支，远大于当村干部的收入。为此，妻子吴必川没少抱怨，儿子、儿媳也不理解他的“公私不分”，觉得他是个“败家子”。但在树荫村的村民眼中，赵安福却是个精明强干、精打细算的“当家人”，他不放过每个帮群众增收的机会，带头并发动50多名村镇干部发展“后备厢”经济，帮助村民销售农产品，仅疫情期间销售收入就达40万元。2020年，树荫村集体经济收入达60余万元，贫困户户均分红600元以上。

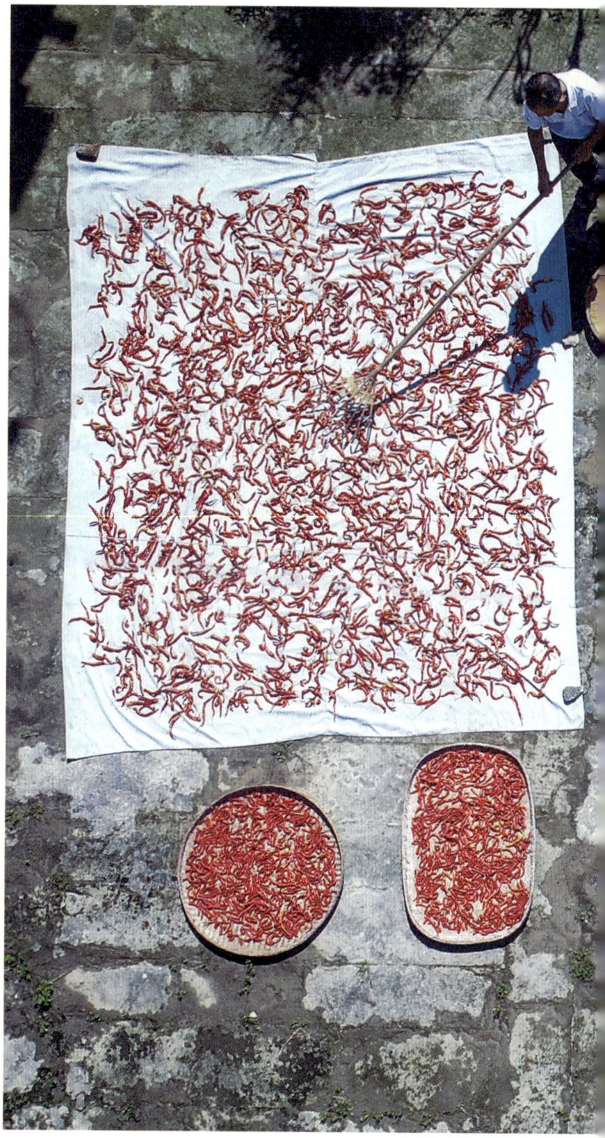

全国脱贫攻坚先进个人

赵安福

丰收景象

开州区大进镇驻镇工作队副队长兼联络员，
重庆市委组织部干部一处处长

薛奉军自2017年8月被选派到市级深度贫困乡镇担任开州区大进镇脱贫攻坚工作指挥部驻镇工作队副队长兼联络员以来，始终坚持工作在一线，倾力倾情投入脱贫攻坚工作，推动大进镇脱贫攻坚工作取得显著成效，使所在单位被评为重庆市脱贫攻坚先进集体，广大村民普遍认为“大进镇三年来的发展变化，比过去30年都要大得多”。

善做思想引导，汇聚攻坚决战强大合力

薛奉军充分发挥理论功底深厚、善做思想政治工作的优势，为党员群众上党课十余次，经常与镇村干部谈心谈话，使其提升思想认识，增强责任担当和信心决心。持续抓好协调联络，积极与市区相关部门、帮扶成员单位、涉农企业等对接，推动各类资源、各方力量向大进镇汇集，累计为大进镇协调帮扶项目资金2.3亿元。带领市委组织部干部一处认真做好鲁渝扶贫协作干部交流工作，制发加强扶贫干部队伍建设等文件，为全市脱贫攻坚工作提供有力干部制度保障。

坚持科学谋划，狠抓打基础利长远工作

将全面脱贫与乡村振兴有效衔接，抓住强基层、打基础、利长远的工作持续用力。推动实施支部提升、头雁培育、党员先锋“三大行动”，全面夯实基层组织，建强战斗堡垒。指导发展茶叶、中药材、粮油果蔬和乡村旅游等扶贫产业，建成生态茶园1.5万亩，新发展中药材1万亩，大进镇粮经比由80：20调整到30：70，贫困人口人均纯收入由5122元增至10149元。助推完成19个村级便民服务中心改建、8公里河堤生态修复整治，硬化农村公路153公里，群众生产生活生态条件明显改善。

注重探索创新，改进脱贫攻坚措施办法

坚持问题导向，加强调研思考，针对深贫乡镇和农村基层实际，不断研究提出创新思路和举措。针对农村人才短缺、村干部后继乏人，开展“三育两带”行动（把党员培育成致富带头人，把致富带头人培育成党员，把党员致富带头人培育成村干部，推动

党员带头致富、带领群众致富），新发展党员19名，培育党员致富带头人65名，储备村级后备干部55名。开展党员“十在先、走在前”活动，将党的要求、党员义务、中华传统美德、社会主义核心价值观与农村实际、群众日常生产生活结合起来，要求党员在“忠、学、讲、律、干、创、诚、孝、礼、美”十个方面争当先锋、走在前列。注重系统总结新举措、好办法，形成大进镇脱贫攻坚典型案例22篇、扶贫故事101个，在省级以上媒体宣传报道300多篇次。

深入一线推动，确保政策精准落地见效

始终怀有强烈事业心、责任感和决战决胜紧迫感，长期“五加二、白加黑”工作，白天进村入户走访，晚上会商研究措施。三年走访群众2000多户，协调解决各类问题300余个。督促镇村干部认真落实精准方略，紧扣“两不愁三保障”对症施策，确保各项扶贫政策落实到户、到人，推动全镇贫困户1791户6853人如期高质量脱贫。

乡村振兴

熊尚兵

开州区长沙镇齐圣村党委书记

20世纪80年代，脑子活、有闯劲的熊尚兵敏锐地抓住了勤劳致富的好机会。他走出大山闯天下，在山东、湖北等省，大连、哈尔滨等城市做起了柑橘生意，20来岁就成了全村少有的万元户。2003年，面对家人、亲友的不理解，熊尚兵毅然决然回到家乡，想要带领乡亲们一起富裕起来。回乡第二年遇到村“两委”换届，他从村会计岗位直接被乡亲们选为村党支部书记（后来调整设置为齐圣村党委）。

齐圣村，地处重庆市开州区长沙镇深山之中，“七条沟，八道梁，高坡土地不产粮”就是齐圣村曾经的真实写照。路不通，熊尚兵就带领大家修路，通过上级拨款、村民自筹，再拿出自己的积蓄、房子抵押的贷款，凑齐3800多万元修路钱，打通了13公里的出山路，油化村道39.5公里，路有七八米宽；同时还修建了9公里的人行便道和生产便道，打通了村民们奔向富裕的“血脉”。没产业，熊尚兵就因地制宜发展山地农业，开展深入考察，问计于村民，改良柑橘、种植红心猕猴桃，建起了一片新品种的标准化柑橘产业园、清脆李产业园、蓝莓产业园。居住条件差，熊尚兵就着手旧村改造、扶贫搬迁工作，投资3000万元，先后建起两期集中居住居民点，安置农户103户464人，还配套建设了标准幼儿园、卫生室、便民超市、村级旅游接待中心、球场、健身场、图书室、停车场和休闲广场，公共服务达到了城镇居民水平。经过短短几年的努力，齐圣村从一个脏乱差的后进村、贫困村蜕变成为村容村貌干净整洁，村民安居乐业、团结和睦的“小康村”。

熊尚兵提出“让农民土地变资产、让扶贫财政资金变股金、让贫困人口变股东”的扶贫思路，采取“参股入社、配股到户、按股分红、脱贫转股”的方式，让每一名困难群众都能分享产业发展的红利。熊尚兵并没有满足于种植带来的收益，2010年，他又看准了乡村旅游带来的机遇，他带着村民修民宿、搞旅游，筹资3000多万元建设了奇圣庄园乡村旅游假日酒店，发展特色农家乐10余家。乡村旅游在齐圣村火了起来，全村年接待游客15万人次，旅游收入300余万元。2014年，齐圣村被国家农业部和国家旅游局命名为全国休闲农业与乡村旅游示范点。如今，山下是漂漂亮亮的农民新村，山腰罗列的柑橘、猕猴桃、蓝莓等5个农业产业园个个让人欢喜，山上的奇圣庄园乡村旅游假日酒店也发展起了乡村旅游。钱袋子鼓起来了，农民心里乐开了花。截至2019年，齐圣村人均纯收入从4000多元增加到25356元。

梁平区紫照镇桂香村党总支书

2012年，务工先富的张志中回家赡养病重的父亲，见到家乡仍处于贫困状态后毅然返乡。2013年12月，他被选举为村委会主任，2018年1月任村党总支书记兼村委会主任。面对桂香村地处偏远、村内沟深坡陡、管理技术人才匮乏的不利条件，张志中带领村“两委”，在扶贫驻村工作队配合下，深学笃用习近平总书记关于扶贫工作重要论述，时刻把广大群众的根本利益放心上，通过发展特色山地产业实现整村脱贫，甩掉了贫困帽。

产业是发展的根基，产业兴旺，乡亲们的收入才能稳定增长。张志中因地制宜，带领村民发展短、中、长期相结合的小规模、多品种、高品质的山地产业。短期产业见效快，能帮助贫困户“快脱贫”。张志中通过争取订单，在村共计种植榨菜810亩、辣椒346亩，为村民增收110万元。中期产业发展周期较短，产出稳定，让脱贫效果“能巩固”。他在村创办集体养蜂场，实现收益3万余元；利用原镇政府办公楼闲置房屋改造创办的电子代加工厂吸纳贫困户就近务工，月均薪酬近1000元。长期产业虽然发展周期长，但能保障村民增收“不返贫”。他在村里发展黄桃种植80亩，对原有的400亩青脆李实行统一管护，利用项目资金建成光伏发电站，实现收益近15万元。经过两年发展，桂香村初步实现产业季节搭配、空间立体使用和短、中、长期效益联结的有机结合。

群众利益无小事。除发展产业外，张志中将习近平总书记强调的“把工作的着力点放在解决最突出的矛盾和问题上”这句话刻在脑里，落实到行动上，没事就在村里转悠，关注村民生产生活中存在的问题。村6组贫困户范远生想发展产业增收但欠缺资金，张志中就争取到民盟梁平支委会的扶贫专项资金帮助其发展黑山羊养殖。村9组贫困户黄功元缺少衣物，张志中就为其联系镇民政办提供衣物。渐渐地，村里“谢家牛丢了”“卢家自来水管破了”都来找张书记。张志中毫无怨言，只要群众反映，就件件去落实。遇事找张书记，逐渐成了村民心里的自然选择。

建设美丽乡村，让广大农民在乡村振兴中有更多获得感、幸福感，是新时代农村发展的内在要求。脱贫攻坚进程中，张志中还将总书记乡村振兴战略思想和原则融入实际行动。他抓党建强组织，通过选举实现村党总支同股份经济合作社高度融合，让村集体

红红火火

经济发展有了稳定的主心骨，同时注重发挥农村党员先锋模范作用，努力打造一支“不走的扶贫工作队”。通过他的思想引导，村党员林勋祥带动群众种植辣椒200余亩，带动村民增收70余万元。他争取各级项目，在村新修产业大道8.8公里、生产便道24.8公里、人行便道6.7公里，让村里实现了组组通公路、户户通人行便道；新安装路灯161盏，让桂香村组组有路灯、村干道沿线院落集中处有路灯；推动改造贫困户卫生厕所98户，贫困户卫生厕所占比达到85.96%。

如今的桂香村，天蓝水绿山秀，扶贫产业发展起来了，村容村貌焕然一新，村民的日子越过越好。张志中的工作也得到了肯定，他的身影出现在《人民日报》上、重庆电视台《红岩本色》栏目里。村民们都说：“张书记领着我们桂香村大变样，跟到张书记干，我们心里有底。”

杨懿

武隆区后坪乡白石村驻村第一书记，
重庆市司法局机关党委专职副书记

三年来，杨懿同志坚持因地制宜，苦干实干巧干，有效解决“两不愁三保障”民生问题，确保精准扶贫政策全面落实落地。白石村新建人饮水池500余立方米、水渠管道3公里，贫困户69户270人全部脱贫，整治改善住房169栋、硬化道路25公里，全村基础设施、人居环境、村容村貌发生翻天覆地的变化。杨懿先后获评“全市扶贫开发工作先进个人”“全市乡村振兴贡献奖先进个人”“重庆市十大法治人物”等称号。

扶贫开发，教人育人，长效脱贫形成机制。精准定位、分类施策，采取“低保兜底+项目托管+量力投劳”方式，户均增收1万余元；建立“集体经济+合作社+贫困户”利益联结机制，大力发展扶贫产业，精心培育出“心田花”“九个山嫂”“香瑶土鸡”“木棕河洞鱼”等本土市场主体，也培养了一批致富带头人。全村实现产值500万元，集体经济增收近30万元，群众满意度、获得感、幸福感不断提升。贫困户张树学成为带动9个农村妇女脱贫增收的市级典范，被评为“重庆市最美巾帼脱贫户”。

因地制宜，敢于创新，法治扶贫走出新路。探索法治扶贫“四个一”保障机制，创建“让一让”调解室和“四步调解法”，有效化解矛盾纠纷；注重培养法治“明白人”，发挥预防把关作用，建设调土273亩、迁坟56座，无一上访闹访，“让一让”调解室获评“重庆市优秀人民调解组织”；建立“院坝治理”机制，把10户左右的院坝作为基层治理突破口，靠前“志智双扶”，树立“多干得助、实干兴业”的导向，激发群众自觉投身乡村治理。法治扶贫、院坝治理的做法，被中央政法委、司法部、新华社、农民日报、法治日报宣传报道，市委政法委、武隆区作为经验推广；白石村被司法部、民政部评为“全国民主法治示范村”。

深怀感情，无私奉献，示范带动凝聚民心。坚持以抓班子、强党建、带队伍、明导向、建机制为主线，统筹推进脱贫攻坚和农村工作，通过“一次整顿”统一思想，明确发展定位和目标；强化“三委一队”建设形成合力，确立支部、村委、监委和工作队的任务及权力清单；建立“干部联社、队员联项、党员联户”工作机制，强化党建示范引领，建立起保障有力、反应迅速的“组织工作网”。白石村从党建薄弱的“后进村”、矛盾较多的“乱村”，转变为党建优村、治理活村和富有内生动力的强村。杨懿坚决克服各种困难，不计个人得失，与群众感情深厚，被村民亲切地称为“白头书记”“好书记”。2018年4月，因山高路险，他驾车不慎翻入10米深沟，但第二天即返岗工作。同年11月，其岳母突患白血病，他来不及照顾，却又为白石村争取到30余万元用于解决助学、就医、危房改造、司法救济等问题。在其示范带动下，干部群众自发为抗击新冠疫情捐款4万余元，捐资投劳开展公益建设4万余元，白石村被评为武隆区“公序良俗示范村”“优秀基层党组织”。

重庆市武隆区传宏土特产品有限公司董事长

年仅30岁的海螺村村民张永红在一次意外事故中失去了双腿，面对嗷嗷待哺的3岁幼儿和年迈的父母，张永洪不禁感觉前路一片渺茫：作为一个失去双腿的残疾人，既不能下地劳作，更无法外出务工，如何担负起养家糊口的重任?

海螺村地处和顺镇西南部，辖区面积15.2平方公里，有农户124户320余人，群众收入以传统农业和外出务工收入为主，既无特色主导产业，也无工业企业带动，群众收入渠道极为狭窄，属市级贫困村。为了因地制宜“变废为宝”，把具有本地乡野特色的农家老腊肉、土鸡、土鸡蛋、土蜂蜜、野生葛根粉、竹笋、野生猕猴桃等农副产品销售出去，既帮助周围群众增加经济收入，又解决自身就业问题，张永红决定自主创业，利用自身具备的一定的网络知识和本村交通较为便捷的优势发展电商产业。

2013年6月，张永红在淘宝网站注册了“重庆市武隆区传宏土特产品有限公司”网店，主要从事农村土特产的收购和销售。在镇党委和村支“两委”的帮助扶持下，张永红在公路主干道旁新修建装潢了展示厅，添置了办公、仓储和打包设备，对销售的农特产品进行实物展示，采用“线上”与“线下”相结合的方式开展销售。他还通过微信、微博等平台，主要面向北京、上海、广东、成都等大中城市目标消费群进行推广营销，着力突出绿色、环保和健康的理念诉求，争取消费者认可，切实提高产品知名度和市场竞争力。目前，张永红所经营的“重庆市武隆区传宏土特产品有限公司”淘宝网店已成为五钻店家，月均销售额10万元左右，真正走上了“公司+农户”规范化经营道路。

饮水不忘挖井人。虽然走上了小康之路，但张永红没有忘记曾经帮助扶持过他的镇党委、村支“两委”和周围的群众，决心利用自身电商经营的优势，进一步扩大产品销售额，为贫困户增加经济收入实现脱贫摘帽做出自己应有的贡献。扶贫攻坚工作启动以来，张永红对全镇贫困户的种养殖业和剩余农副产品状况进行了摸底调查，并制作了联系一览表和采购联系卡发放到贫困户手中，建立了一对一、一对多的精准对接方式，帮助贫困群众和残疾朋友销售农副产品。仅2018年，张永红就帮助贫困群众销售农副产品实现产值1000万余元，该村贫困户余应华、周义成通过其精准对接后帮助销售自家农副产品实现产值两万余元，达到了脱贫越线标准。

结合张永红的成效体现，和顺镇党委、政府按照区委关于加快推进电子商务进村的总体部署，在全镇各村大力培育和发展电商经营户，并细化和完善了精准对接代销机制，进一步突出电商经营在扶贫攻坚工作中的助推作用。截至目前，全镇已建成了8个村级服务点，基本实现上线运营，全年完成销售额1000万余元，切实拓宽了贫困户增收渠道，帮助其脱贫越线。其中，帮助周边5个乡镇贫困户1315户3612人增收达到脱贫标准，发展残疾朋友养殖带动122人。

生态扶贫搬迁示范新村全貌

张瑞月

城口县北屏乡财政办工作人员

敢于较真，勤学善思，立足扶贫项目资金的监管实际。2018年2月，张瑞月上班第一天就主动向财政所所长、项目主管的同事和分管领导一一问询、了解项目资金管理使用的详细情况。她采取“5+2”“白+黑”的工作模式，整整用了两个多月时间，查阅项目档案，翻阅资金凭证，实地走访了解，对181个项目共计1.08亿元资金重新规范建立项目台账，坚持问题导向，对每个项目、每笔资金逐一对账核实。为让乡村两级干部对项目资金更加清楚明白、规范管理，她善于思考和求变，利用自己财务专业知识，结合精准扶贫各项要求，彻底改变项目乱、资金散、效益低的现实。三年来，她利用节假日时间，通过座谈会、院坝会、走访调研等方式，开展20余次专项培训，将总书记的“项目安排、资金使用、脱贫成效”等扶贫论述和项目管理的专业要求用心宣讲、用情培训、深情指导，进一步深化了乡村两级干部对项目规范、资金监管、绩效发挥的思想认识和行动自觉，让全乡上下对项目资金更“明白”。

作风扎实，善于从细节着力，主动思考如何扣紧项目安排和资金使用的“第一颗扣子”。她一山一水踏勘实地，一账一策查看资金，一家一户走访实情，先后深入6个村35个社了解掌握村情实际，走访600余户群众收集所需所求，其中贫困群众占60%以上。实地踏勘200余个项目规划现场，每一个项目都与行业和财政等部门深入沟通对接，每一个项目都多方请教、各方咨询、多次论证。几年来，张瑞月剔除不符合规划、群众带动少、效益发挥不够的项目48个。她精准掌握上级要求，严格按照“轻重缓急”的原则，第一时间协调落实“两不愁三保障”等100个项目，推动400余户贫困户稳定脱贫。她立足本职，敢于说“不”，多次在乡党委会上主动发表意见，对凡是不符合项目库建设要求、超过资金使用范围、群众不支持、脱离乡村发展实际的项目，一律建议否决。

敢于较真碰硬，对项目资金严格审核把关。2019年，在一次村级申报到户到人产业扶贫资金审查中，她用了整整一周的时间，将重复申报、超标发放的41户再核实、再调查，直接挽回扶贫资金10万余元。

心怀大局，情系全县，积极主动投身到全县扶贫资金项目监督和管理中来，充分利用基层项目资金管理经验和专业能力，多次参与全县财政扶贫资金的管理模式研究讨论，经过反复研究探索、多次调查分析，推动建立了扶贫项目资金“责任化落实、网络化管理、规范化运行、自动化监管、立体化监督”的一体化模式。城口县扶贫项目资金“三账一表”监管系统在全市推广运用，提前启动的2015—2020 年扶贫项目资金规范清理工作和内审工作机制得到了市级领导表扬。2019年城口县获得全市财政扶贫资金绩效评价“优”的等次，城口县扶贫项目资金管理经验也多次在全市作为典型进行交流学习。

丰都县十直镇秦榜沟村村民

付体碧，丰都县十直镇秦榜沟村脱贫户。从小没读过书的她是个地地道道的农村妇女，更是个只字不识的纯“文盲”。2019年，付体碧荣获“重庆市脱贫攻坚工作先进个人奋进奖”。2020年，她被提名为“感动重庆十大人物”。

命途多舛，坚定自立之志

2003年，付体碧5岁的女儿患了脑膜炎，她到处借钱，欠了几千块钱的外债才把女儿治好。2004年，老公蒋仕文为补贴家用去成都厂里打工遭受意外成了二级残疾，不能干重体力活儿。请工人补修漏雨的屋顶，可不料工人不慎摔断了腿，老公的赔偿金转手又成了工人的医药费。更不幸的是，付体碧公公又遭遇车祸，医院还下了病危通知书。面对苦难的命运，付体碧没有投降，她相信，只要肯干，就有活路！

勤劳勇敢，奋进脱贫之路

付体碧虽然勤劳，但凭借她一个人的力量，支撑这个家庭仍然很难。2014年，她家被认定为建卡贫困户，扶贫干部为她们送去了生活用品，帮助她们修整了厕所、厨房，办理了助学贷款，更为她们带去了脱贫致富的好路子：利用丰都打造中国“肉牛之都”的契机，抢抓政策机遇，发展肉牛养殖。在帮扶责任人与县、镇、村三级干部的多次动员鼓励、支持帮助下，付体碧办理了5万元的扶贫小额贷款，申办了微型企业。创业初期，养殖场只购买了6头公牛进行试养，仅半年多时间就净赚了6000多元。为了降低成本，付体碧和老公商量购买母牛进行自繁自养。2017年，养殖场存栏肉牛达到30头，净挣了五六万元，付体碧一家顺利脱贫摘帽。到2018年，付体碧养了30多头牛，每年收入可达10万余元。帮扶干部都说：“要是每个贫困户都像她们这样，早就脱贫了！”

情系乡亲，共圆小康之梦

苦尽甘来的日子让付体碧十分满足和珍惜，但一家富不是富，大家富才是富！如何帮助乡亲们尽快摘掉“贫困帽”，让越来越多的人走出生活困境，成了付体碧的急心事、揪心事。不识字的付体碧通过死记硬背自己画的特殊符号，将学到的知识结合摸索出来的经验，总结成了一套简便易学的养殖技术。她积极向村民传授自己总结的养殖技术，用自己的切身变化号召大家相信党和政府，鼓励乡亲们发展养殖业，带动和帮助贫困户脱贫致富。

感怀党恩，浇灌幸福之花

脱贫征程中，付体碧由衷地感恩党、感恩新时代、感恩各级组织、感恩扶贫政策，她将感恩之情化为自觉行动，进一步坚定跟党走的信心和决心，知党恩、感党恩、听党话、跟党走，在脱贫新起点上迈向更加幸福美好的新生活。现在的付体碧干劲十足、信心满满，切实把报恩之心、感激之情化为成才之志、发奋之源，把自己锻造成对社会有用的人才，以实际行动回报党恩、回报社会。付体碧表示，今后，她还要拼命干，把日子过得更加红火，让生活幸福得像花儿一样！

“三变”改革引进花卉公司

夏强

生前为垫江县裴兴镇高石村驻村工作队队长兼第一书记，
垫江县总工会党组成员、县职工服务（帮扶）中心主任

夏强，中共党员，重庆市“五一劳动奖章”获得者，生前担任垫江县裴兴镇高石村驻村工作队队长兼第一书记，2020年12月20日因病逝世，病逝前仍坚守在工作一线。该同志始终不忘初心、牢记使命，勇于担当、攻坚克难，高标准、高质量完成各项工作；讲政治勇担当、强基础壮产业、扶志智齐用力、出高招见实效，探索形成“三步”工作机制和“一线工作法”，脱贫攻坚成效突出；始终将理论学习作为工作开展的立身之本、成事之基，勤于学习，努力增强党性锻炼，提高思想政治素质，牢固树立正确的马克思主义世界观、人生观、价值观，思想敏锐、政治过硬；坚定“四个自信”、树立“四个意识”，在思想上、行动上自觉维护以习近平同志为核心的党中央权威和集中统一领导，严格兑现市委“三个确保”政治承诺。立足本职工作，带领高石村全体干部群众振奋精神、勤劳致富。

一是基层党建日益建强。以抓党建促脱贫为抓手，发挥党员的先锋模范作用，帮助高石村党支部完善“三会一课”制度，带头开展50余场讲党课活动，积极发展农村党员、预备党员5个，帮助回引大学生、外出成功人士11人，有效壮大村级后备干部队伍，帮助实现后进支部及时摘帽。

二是基础设施日益完善。油化道路8.2公里，硬化道路18.5公里；整治小二型水库1座、山坪塘12口，改造高台地位用水管网7.2公里。

三是产业发展日益壮大。帮助引进建成一个30000只规模现代化蛋鸡养殖场，促进成立正义中药材种植农民专业合作社，支持新型经营主体流转土地1046亩，鼓励20户贫困户和110余户一般农户抱团发展，累计发展榨菜、中药材、黄精等特色扶贫产业3000亩，为村集体经济年增收9万元。

四是就业增收日益稳定。成功创建县级就业扶贫示范车间1个，组织开展就业对接活动30余场，动员帮助村民就业务工近300人，特别是新冠肺炎疫情发生以来，及时协调解决贫困户就业岗位50余个。

五是“志智双扶”日益深入。带头制定村风民风治理方案，大力治理农村陈规陋习，带头化解村民矛盾40余起，组织并亲自参与“百人千场万家”“榜样面对面”等宣传宣讲170余场，组织送科技、送文化等活动50余场，让贫困户不仅富了口袋还富了脑袋。高石村脱贫攻坚工作实现五个“100%”，全村面貌焕然一新。

夏强个人先进事迹多次被市、县主要媒体宣传报道，并被重庆市主要媒体称呼“筒靴书记”。

杨骅

生前为忠县金鸡镇傅坝村驻村工作队队长兼第一书记，
忠县安监局办公室副主任

杨骅，中共党员，生前系重庆市忠县安监局办公室副主任，忠县金鸡镇傅坝村驻村工作队队长兼第一书记。2018年8月21日早上8时许，杨骅在傅坝村村委会办公室与村干部商议扶贫工作时突发疾病，抢救无效，因公牺牲，年仅48岁。

牢记使命、忠诚担当，模范践行共产党员的初心和使命。杨骅参加工作29年，从交委路政大队、农机局农机监理站、安监局到派驻金鸡镇蜂水村、傅坝村开展扶贫工作，无论环境如何变化，岗位如何变迁，始终心中有党，以身许党许国。2017年3月，他自愿申请到偏远的金鸡镇蜂水村担任驻村工作队员。2018年7月又到更偏远的金鸡镇傅坝村担任驻村工作队队长兼第一书记。在傅坝工作的42天里，他没闲过一天，一个月就带领扶贫队员跑遍了全村。他注重规划引导村里扶贫产业发展，在蜂水村发展笋竹1040亩、核桃300亩、矮晚柚300亩。杨骅坚持“把工作当事业、把事业当追求、把追求当生命”，每天早出晚归，走访贫困户、召开院坝会、查看项目进度，短短一年时间，就写满了9本扶贫工作日志。

践行宗旨、一心为民，在百姓心中立起了一座不朽的丰碑。在杨骅心中，只要是群众的事，就是他自己的事。2018年8月20日，就在杨骅去世的前一天，他还去贫困户刘兴国家与老人商定房子改修的事情。2017年9月，蜂水村遭遇百年一遇的大暴雨，受灾严重。杨骅不仅第一时间组织抢险救援，还四处奔走，争取资金30余万元开展灾后重建。大桥修了半个月，他每天都到现场和村民们一起搬水泥、搅沙石。驻村期间，他和群众说得最多的一句话就是“我们现在是一家人了”。他自掏腰包为贫困户唐安禄买来鸡苗，手把手传授养鸡技术。他经常为结对帮扶贫困户、因工致残的张启斌买治手痛的止痛膏，积极为张启斌的大女儿张荣梅申请国家教育补助。去世的前一晚，他还在与即将读大学的张荣梅谈心交心，鼓励其好好学习。在杨骅的追悼会上，张启斌家的小女儿张琼哭着喊着要用自己的命去换杨骅的命。

淡泊名利、甘于奉献，传承弘扬共产党人的优良家风。杨骅一家三代共产党人，将“忠、孝、善、廉、和”的家风家教接续传递。爷爷杨天奇，1957年部队复员后回到农村任大队长，修建中寨村水库时，累倒在了工地上，年仅44岁。父亲杨志刚，一步步走上副县长工作岗位，始终保持政治坚定、埋头苦干、严于律己的作风。杨骅始终在一线工作，传承优良家风，从未托父亲找组织说人情、打招呼，而是虚心向父亲请教做好基层工作的经验、服务群众的方法。杨骅生活非常简朴，驻村工作时常常是泡咸菜下稀饭、馒头。中央政治局委员、重庆市委书记陈敏尔指出，“杨骅同志全身心扑在工作中，他是为脱贫攻坚事业倒下的，他的生命定格在全心全意为人民服务上。杨骅同志是我市脱贫攻坚战线的时代楷模，体现出共产党人的忠诚担当”。

张　波

云阳县交通局党委委员，
县交通运行监测与应急调度中心主任

张波同志不畏艰辛、矢志不渝，翻山越岭、涉水渡河，足迹踏遍云阳3649平方公里的土地，把最美好的青春年华献给了他最钟爱的交通事业，用路和桥联通了彼此隔绝的山里山外、河东河西，让天堑变成通途，让幸福不再遥远，为助力脱贫攻坚、实现全面小康做出了应有贡献。

2007年，张波毕业于公路与城市道路工程专业。从地地道道农民家庭出来的他明白“要致富先修路”的深刻道理，从小就立志改变家乡贫穷落后的面貌，毕业后顺利应聘到云阳鸿诚交通工程设计有限公司工作。在三年多时间里和领导同事完成了2000多公里行政村通达工程和200多公里三峡后续移民库周公路建设。独立完成盛堡观音庙人行桥悬索桥、养鹿铧头嘴人行悬索桥、普安凤凰山人行悬索桥等跨径150米悬索大桥，以及故陵石湾子公路大桥、江口和平公路大桥等40余座桥梁设计任务，创造了重庆区县独立设计大跨径悬索桥的奇迹。

2010年8月，考入云阳县交通运行监测与应急调度中心的他，在工作岗位上一干就是整整10年。脱贫攻坚工作期间，重庆提出“交通三年行动计划”，他带领机关技术人员一道编制完成《云阳县1小时云阳规划》《云阳县“十三五”综合交通运输发展规划》《云阳县交通三年行动计划方案》，通过合理规划，四年时间争取专项资金30多亿元，为全县交通基础设施发展和全县交通行业扶贫起到至关重要作用。在县委、县政府的统一部署下，在局党委的带领下，他和系统干部职工时时刻刻坚持在工地一线，一心一意全力打好“交通三年行动计划”攻坚战，在规定时间内完成了龙角—泥溪、高阳—平安、平安—养鹿、G438国道等全县26条452公里干线公路改扩建以及4500公里“四好”农村公路建设。云阳路网结构得到了进一步优化完善，国省道通三级及以上公路比例达到69%，通油化公路乡镇覆盖率达100%，行政村和撤并村通畅率达100%，村民小组公路硬化率达85%，为全县群众出行创造良好环境，大大降低了物流成本，为云阳县取得全面脱贫攻坚胜利奠定了重要基础。

在思考全县大交通规划布局时，他充分发挥积累多年的专业特长，提出规划建设开州至云阳高速（江口—云阳—龙缸）（简称“江龙高速”）公路初步构思，赓即开展30多次现场踏勘和调查研究，设计了线路走廊带规划方案，他带着线路设计方案，层层给领导汇报，最终在全县干部职工的努力下得到市委、市政府高度认可，并挤入了市级规划和市级重点项目名单。他作为技术总工带领几名同志仅用了两年半的时间就攻克了投资最大（总投资154亿元）、技术最复杂（桥隧比达76%，复兴长江大桥主跨1208米钢箱梁悬索桥跨径重庆第一，全国前十）、审批层级最高（多项审批涉及国家部委）的江龙高速项目共80余项重要工作，实现了项目开工30处工点、10处控制性工点开工9处的成就。项目的建设构建了云阳“三横一纵”高速公路网络，打通了渝东北区域北达甘陕、南出湘广、东出鄂沪、西进渝蓉的交通大通道，充分体现了成渝双城经济圈建设的效果，有效补齐了渝东北基础设施短板并推动其高质量发展，在助推脱贫攻坚和乡村振兴上起到了重要作用，在推动区域协调发展上具有重大意义，助推重庆市出台了渝交发〔2020〕6号文件用于指导区县建设高速公路，树立了区县建设高速公路典范。

艰苦磨炼风骨，生命书写华章。张波同志身体力行践行交通强国战略，在脱贫攻坚行业扶贫工作中起到了表率作用。

莼菜生产基地

唐华

奉节县平安乡驻乡工作队队员，
太极集团有限公司太极天驴公司质管部副经理

2018年9月，唐华同志主动请缨，奔赴千里之外的重庆市深度贫困乡镇奉节县平安乡驻乡帮扶。两年多来，他始终把党的事业放在心中最高位置，克服母病无法照料、孩小无人照看等困难，倾情投入在脱贫攻坚一线，得到当地干群高度赞扬。唐华2018年、2019年度考核为优秀，2019年被评为“奉节县脱贫攻坚先进个人”；所在市政府办公厅扶贫集团驻乡工作队2019年、2020年被评为“重庆市脱贫攻坚先进集体”。

学思践悟，知行合一讲政治

从医药制造业“跨界”到脱贫攻坚，唐华坚持学思践悟、知行合一，深学笃用习近平总书记关于扶贫工作的重要论述，认真学习产业扶贫、住房保障等扶贫政策和业务知识，自觉用“六个精准”“五个一批”等创新理论武装头脑、指导实践、推动工作，硬是从“门外汉”变成“扶贫通”。

因地制宜，拓宽产业致富路

唐华根据工作队领导安排，始终把产业扶贫作为工作重点，往来奔波于崎岖山路、城乡之间，搞调研、跑项目、找资金、请专家，争取到太极集团161万元的帮扶资金，率先发展中药材1000亩，示范带动全乡扩面到1万余亩。他积极参与企业引进、助推项目落地，协助完善土地流转、入股分红、入企务工、订单种养等利益联结机制，因地制宜发展了一批“蔬菜村”“药材村”“养殖村”等特色产业村。

忘我奉献，消费扶贫助增收

唐华亲力亲为、多方协调，积极推动消费扶贫。在新建两个农副产品加工扶贫车间过程中，他积极帮助厂房选址、商标注册、设备选购、包装设计、产品生产、资质认证、销售运营、车间管理等，并牵头筹办“平安有礼·逐梦小康”“扶贫产品进机关”等消费扶贫活动，探索推广电商扶贫、直播带货等消费扶贫方式，助推优质农副产品进城入户，每年协调扶贫集团成员单位消费扶贫1000多万元。

丰收乐章

忠实记录，生动讲述好故事

唐华善于总结、笔耕不辍，与宣传组的同志一起编写刊发扶贫简报、新闻稿件近千篇；参与探索的“四位一体”防返贫机制被市扶贫办专刊推广；主导编辑21.3万字、1207张图片的平安乡脱贫攻坚记事录、好故事、诗文集、影像集、经典案例“五个一”宣传资料，全面记录平安乡“山乡巨变·幸福平安”脱贫攻坚历程，并被重庆中国三峡博物馆收录展出。

勇敢逆行，一线“战疫”获点赞

新冠疫情发生后，他千方百计协调医药企业捐赠温度计、口罩、消毒液等防疫物资，“逆行”送到平安乡一线防疫人员手中，并积极调剂防疫物资，助力27家扶贫龙头企业4月份全部复工复产。他牵线搭桥帮助贫困劳动力务工就业，深入田间地头引导群众不误农时春耕春播，努力把疫情造成的损失补回来。

脚踏泥土，精准帮扶贴心人

他主动对接、靠前服务，累计协调扶贫集团成员单位落实帮扶资金247万元、落地帮扶项目6个，发起设立平安乡扶贫助学、医疗救助、产业扶持“三大基金”。他满怀深情、真诚质朴，用600余公里步行丈量贫困，用700余次访农户、下田间走进群众心里，参与200多场群众会、院坝会， 架起帮扶连心桥。他和工作队的同志一道，长期关爱曾经的“山顶洞人”朱学兵、“一拖三之家”杨兴权等特殊困难家庭，在脱贫攻坚一线挥洒血汗、忘我奉献。

向城钢

奉节县扶贫开发办公室主任，奉节县委办公室副主任

向城钢同志自2016年任县扶贫办主任以来，深入学习贯彻党的十九大精神、习近平总书记关于扶贫工作的重要论述，把“六个精准”“五个一批”要求不折不扣落实到工作中，确保市委市政府、县委县政府决策部署不走偏，贯彻执行党的各项扶贫路线方针政策不走样。

善谋划，善协调，统筹力强

向城钢发挥县委办常务副主任的优势，精心谋划，使全县形成攻坚办统筹、22个行业部门齐抓共管的大扶贫格局。连续四年谋划年初召开脱贫攻坚誓师大会，连续三年开展百日大会战。谋划出台脱贫摘帽“最严十条”和激励办法，既有红旗嘉奖，也有黄牌警告，形成你追我赶、争创一流的工作氛围。

重推动，重落实，执行力强

在推进脱贫攻坚底线任务过程中，向城钢率先在全市提出土坯房应改尽改、愿改尽改，易地搬迁0.7万户，C、D级危房改造2.38万户。全力推进小额信贷工作，三个月建立起三级金融扶贫体系，累计为1.42万户贫困户发放小额贷款6.6亿元，扶贫小额信贷工作连续三年全市考核为“优秀”。推进三峡集团“三峡第一村”生态旅游、新能源开发等“十件大事”，最大化利用好定点帮扶资源。面对2020年新冠疫情，统筹开发临时防疫、光伏电站等公益性岗位6158个。累计建设扶贫车间53个，实现在全市扶贫车间最多、开发岗位最多、贫困群众就业最多的成绩。

抓业务，抓队伍，冲在一线

向城钢组织行业扶贫部门梳理汇总102项到人到户政策，制作发放政策明白书和便民政策挂历，实现群众政策明、干部底数清。组织全县干部政策考试、业务培训，乡镇和部门现场拉练、个案解剖等，彻底解决8500多名扶贫干部能力问题。《奉节县扶贫大练兵》专报被市领导批示，并被国扶办刊载。他亲自带头开展脱贫攻坚问题日调度，确保问题解决高效、答复口径统一、面上举一反三。对县扶贫办结对帮扶的岩湾乡板仓村倾情帮扶，谋划建成2500亩脆李、1500头种猪繁育场、2座光伏电站。县扶贫办连续四年在全县考核排名中被评为“先进”。

勇探索，勇创新，敢闯敢干

探索“网格化管理”，将全县31个乡镇以村为单位划片包干，建立网格2105个，落实网格管理员3664名，解决精准识别难题。推行“八到户八到人”工作法，被评为国家扶贫办2019年度扶贫工作优秀案例。打造奉节农产品直播基地，成为全国首批“淘宝直播村播计划示范县”，培育本土网络主播125名，并被央视《焦点访谈》报道。开展“书记县长”扶贫直播助农行动，市、县、乡三级扶贫干部连线直播带货，“万吨脐橙进山东”活动，消费扶贫位居全市第一。

讲情怀，讲奉献，不计得失

向城钢当过农民和工人，深知底层百姓疾苦，有一种厚重的为民情怀。15年来，他长期担负县上急难重任。自脱贫攻坚以来，他起早贪黑，乐于奉献，脚踏实地，奋勇直前，使奉节县在脱贫攻坚市级考核中实现了从2015年倒数第一到2019年正数第一的巨大转变。2019年，贫困县退出实现零漏评、零错退，群众认可度达98.7%。2020年10月，奉节县荣获国家脱贫攻坚组织创新奖。

烟叶丰收

杨树海

奉节县委书记

杨树海同志深学笃用习近平总书记关于扶贫工作重要论述，坚持以人民为中心的发展思想，把脱贫攻坚作为头等大事和首要政治任务、最大发展机遇、重要治理平台，统揽经济社会发展全局，带头发扬“流血流泪不留憾、任劳任怨不认输”的奋斗精神，担当作为、攻坚克难，精心谋划、统筹调度。杨树海到奉任职以来主持召开县委常委会会议133次、县委理论中心组学习38次、脱贫攻坚领导小组会48次，各类研究脱贫的专题会、现场会、办公会271次；到基层督导脱贫502次，亲力亲为、领战督战各类脱贫大会战、大决战、大攻坚12次，累计减贫35895户139042人，实现了贫困人口全面清零，演绎了“呼天唤地、顺天应地、战天斗地、改天换地、感天动地、欢天喜地”的脱贫历程。

围绕“扶持谁”，作为“一线总指挥”，身体力行，两次遍访全县135个贫困村，走最远的路、访最贫的户，五年如一日，深入村社和群众开展调查研究，摸清家底、掌握实情。统筹组织开展7次“回头看”和6次动态管理，推行“六个环节”精准识贫工作法，做到家家到、户户清、人人实。2019年，贫困县退出实现零漏评、零错退，群众认可度达98.7%。2020年国家普查时，100%的群众认为生活明显改善。

围绕“谁来扶”，构建一个目标、四个体系、八个到位、六个重点的“1486”扶贫机制，推动人力、物力、财力向脱贫攻坚集中，干部主要精力向脱贫攻坚转移，带领全体县领导和167个帮扶单位、31个驻乡工作队、376个驻村工作队、8052名帮扶责任人，奔波在前线、奋斗在一线、转战于火线，常态化保持“干部共赴一线、机关只留一人”氛围，提拔重用干部294人次，处分处理干部477人次。

围绕“怎么扶”，对标对表“六个精准”“五个一批”等要求，坚持在实践中探索，在探索中改革，在改革中创新，在创新中深化，“批发式”推出一系列典型做法。《“四访”工作规范》成为全市基层治理领域首个地方标准，“五个一”行动、“六个环节”、“八到户八到人”工作法等在全国交流推广，新时代文明实践积分银行被评为“2019年度中国十佳民生决策”，大学生脱贫攻坚暑期实践赢得广泛好评，小额信贷入选国务院扶贫办《2019脱贫攻坚案例选编》，集中供养被国扶办等部委在全国推广并入选第二批全国农村公共服务典型案例。

围绕“如何退”，严格对照“解八难建八有”“两不愁三保障”，统筹102亿元投入脱贫攻坚，全面落实102项扶贫政策，让群众100%吃上干净水、住上安全房、通上小康路，无一因贫辍学儿童和因病致贫群众，农村人居环境得到显著改善。突出一镇一特色、一村一主导，发展山地特色高效农业120万亩，开办扶贫车间52个，贫困群众人均收入较2014年增长近3倍。组织720名领导干部回乡回访、讲政策讲变化、解怨气解难题，“感恩党的政策好，自己努力向前跑”成为群众共识，3500余名贫困群众主动申请脱贫，民调从十年全市倒数跃居并保持在全市前列。

杨树海同志讲政治、顾大局，能统筹、善调度，敢担当、勇作为，重创新、有情怀，严于律己、关心干部，不计较个人荣誉及得失。2019年4月退出国家贫困县后，杨树海牢记习近平总书记“任务不轻”的嘱托，严格落实“四个不摘”，带领全县干部群众做到焦点不散、靶心不变、力度不减，保持攻坚状态，打好收官之战，衔接乡村振兴。在迎接8场次国家级、12场次市级检查、督查、考核、抽查、暗访和3场次三方机构评估中，主动请战、全力迎战，实现问题个个解决、政策条条落实、收入项项达标、动力人人激发、环境家家整洁，各项考评结果均处在全国、全市前列，连续两年在全市扶贫考核中被评为“好”。2020年获全国脱贫攻坚奖组织创新奖。

产业致富路

巫山县双龙镇副镇长

严克美是村里第一个大学生，从小就梦想着能走出大山，然而大学毕业后她却放弃了大都市的工作，回到大山深处的老家当起了村支部书记。

11年来，她始终想群众之所想、急群众之所急，千方百计帮助群众解决具体困难，帮助了多个贫困群众、孤寡老人和妇女儿童。11年时间里，她骑坏了3辆男式摩托车，走访了1000余户贫困家庭，她的足迹遍及红槽、玉灵的每个村社角落，每家每户。11年来，她因地制宜发展产业、东奔西走争取资金项目改善基础设施，切实推动红槽、玉灵的经济社会发展，两个村都如期完成脱贫摘帽任务，让2000多名贫困群众摆脱贫困，走上了致富路。到双龙镇后，她一直秉承务实的工作作风，努力为群众办实事。11年来，她加强理论学习，不断提高党性修养，做到讲政治、顾大局、守规矩，敢闯敢干，吃苦耐劳，始终坚持做基层党员干部的标兵和楷模。

严克美用11年时间完成了从一名初出茅庐的大学生到一位懂农业、爱农村、爱农民的优秀基层公务员的蜕变，并成长为奋斗在脱贫攻坚一线的基层干部典范。她先后当选为党的十八大、十九大代表，中国妇女十二大代表，重庆市第四次党代会代表，巫山县第十三次、十四次党代会代表。她的事迹先后被中央电视台、重庆电视台、重庆日报、重庆晨报、重庆晚报、新华网、华龙网等多家新闻媒体宣传报道，先后被表彰为全国劳模、全国三八红旗手，荣获2017年“感动重庆十大人物”、2018年全国脱贫攻坚贡献奖、中国青年五四奖章、全国人民满意的公务员，被誉为“山沟里飞出的金凤凰”。

九龙坡区委书记（巫山县原县委书记）

李春奎同志始终把脱贫攻坚作为全县第一大事、第一抓手、第一机遇，既当指挥员，又当战斗员，率领全县65万巫山儿女开拓奋进、顽强作战。目前，贫困村全部销号，贫困人口全部脱贫，贫困县如期摘帽。

坚守“战贫主战场”，以“决战决胜”践行“两个维护”

重视程度前所未有。安排36名县领导担任25个乡镇（街道）脱贫攻坚指挥长，26名县管领导干部担任驻乡镇（街道）工作队长，形成了坚强有力、高效运转的“指挥部+战区制+包干制”指挥责任体系。**投入强度前所未有。**全力以赴争项目、争资金，累计整合各类扶贫资金80多亿元，围绕“两不愁三保障”以及交通、产业等多领域精准实施项目到村到户到人。农村公路通村通畅率100%、通组通畅率90%，农村动力电、光纤通信覆盖率100%，农村饮水安全集中供水率、自来水普及率均达99%以上。**创新力度前所未有。**“精准医疗”扶贫模式全国推广，累计救助贫困患者9.6万人次。易地搬迁搬出扶贫“新路径”，建成微型安置点47个，安置3.15万人。特色产业种出增收“摇钱树”，巫山脆李被授予中华名果，作为第二批产业扶贫典型案例在全国推广。2018年巫山正式退出国家扶贫开发重点县，全县120个贫困村、2.46万户8.9万名贫困户全部脱贫销号，贫困户人均可支配收入五年增长了3.9倍。

担当“一线总指挥”，以“头雁领飞”带动“群雁齐飞”

用脚步丈量责任。坚持每周至少两天走基层、访群众，每月不定期到村社现场办公，研究解决脱贫攻坚中的各类问题。五年来共走遍全县307个行政村，两次遍访贫困村120个。**用导向激励担当。**2015年以来累计提拔重用干部485人，参与脱贫攻坚人员职级晋升387人，树立了在脱贫攻坚一线选贤任能的良好导向。**用真情换取真心。**深入联系乡镇，到骡坪镇督导脱贫攻坚工作，短短五年时间，该镇产业发展、乡村面貌、群众生活均发生翻天覆地的变化，成了全县乡村旅游的明星镇。

培育“时代新风尚”，以“精神脱贫”促进“精准脱贫”

培育了穷山恶水“难不住”的扶贫精神。在李春奎同志的示范带动下，巫峡儿女舍小家、为大家，涌现出时代楷模、全国脱贫攻坚奖奋进奖获得者毛相林，全国脱贫攻坚贡献奖获得者严克美，全国脱贫攻坚奉献奖获得者魏宗平，全国脱贫攻坚创新奖获得者卢尧等先进典型。**弘扬了悬崖峭壁“困不住”的下庄精神。**下庄村毛相林带领全村群众用7年时间在悬崖峭壁上“抠”出一条8公里长、2米宽的“天路”，铸就了勤劳勇敢、艰苦奋斗、坚守初心、自强不息的下庄精神。李春奎同志举办了“重走下庄路，重学下庄人，重塑下庄魂”等系列活动，打造下庄人事迹陈列室，以下庄精神激励广大干部群众在各项工作中迎难而上、攻坚克难。**激发了自力更生“闲不住”的脱贫精神。**强化“参与性”治理、深化“激励性”带动、细化“约束性”规矩、实化“习惯性”养成，把贫困群众积极性和主动性充分调动起来，使其感恩意识更强、奔跑劲头更足。

下庄人事迹陈列室

巫溪县红池坝镇渔沙村驻村第一书记，
重庆市农业科学院蔬菜花卉研究所科研人员

刘吉振，1979年生，重庆市农业科学院蔬菜花卉所研究员，中共党员。2017年9月被派往深度贫困乡镇巫溪县红池坝镇渔沙村担任第一书记。三年零四个月，刘吉振同志始终牢记初心使命，认真履行工作职责，在抓党建促脱贫、发展扶贫产业和为民办事服务工作中做出了突出成绩，全村贫困户人均纯收入由2017年的5559元增长到2020年的约1.3万元。荣获重庆市2019年脱贫攻坚先进个人、重庆市农业农村工委系统全市事业单位2020年脱贫攻坚嘉奖。

坚守为民情怀，做好真情服务的贴心人

扎实践行以人民为中心的发展思想，舍小家顾大家。在孩子眼里，父亲就是个手机似的存在。在群众眼里，他却是个真情服务的贴心人。**群众哪里需要，就到哪里去。**三年走访群众6500余人次，帮助协调解决群众困难500余人次，筹资安装路灯36盏，为低保户筹来棉被10套，为留守儿童筹捐1万余元。**哪里有危险，就到哪里去。**2020年面对突如其来的山洪，他带领村干部冒着危险疏散受灾群众171人次，及时组织群众抗灾自救。新冠疫情期间仍心系村里工作，疫情稍缓即随队返岗，立即着手协调调运急需农用物资，调整种植500亩青贮玉米种植，降低了疫情对增收的不利影响。

发挥表率作用，做好建强组织的带头人

全力抓党建促脱贫，加强村级组织建设和本土人才培养，夯实保障脱贫攻坚的组织和人才基础。**自觉当好表率。**带头讲党课，引导村"两委"规范组织生活和工作秩序。带头种植"工作队责任田"，引导全村党员建立"党员示范地"13块。**开展支部联建。**协调帮扶单位党组织与本村党支部组织开展支部联建活动22次，培养党员和入党积极分子8人，建成"支部联建产业示范基地"两个，2019年渔沙村获得全镇综合考评一等奖。**培养本土人才。**培育新型农业经营主体5个、产业带头人8人，培养了一支不走的工作队，2020年村集体经济收入10万余元。

蜜蜂飞舞

坚持科技引领，做好发展产业的引路人

探索出渔沙村“两椒一桃+特色养殖”的产业发展新路子，践行了“把论文写在大地上”的农科新使命。**带头做试验**。进村伊始，刘吉振经过试验示范，选择了发展加工型辣椒产业。**做给群众看**。领头建起了70亩的扶贫示范基地，每亩收入可达到5000元以上，吸引了村里村外500余人次观摩学习。产业样板变成了农民田间学校，带动全村发展加工型辣椒500余亩，帮助群众增收150万余元。**引导全镇干**。加工型辣椒种植成功为全镇产业结构调整探出一条新路子。2020年全镇发展辣椒1500亩，渔沙村建起了全镇辣椒集中育苗基地和辣椒加工厂。目前渔沙村的产业示范基地已扩大到200余亩，全村农业产业结构得到明显优化，还种植有胭脂脆桃1000亩、花椒500亩、中药材300亩，养殖肉牛280头、山羊620只、中蜂1088群，农业科技之花正孕育出沉甸甸的希望之果。

巫溪县中梁乡石锣村党支部书记

69 岁仍然奋战在一线

匡后明担任石锣村村支部书记34年，历经11次村级组织换届，每次都是以满票当选。2015年底，带领石锣村村民实现整村脱贫，人均纯收入达到7602元，2020年达到12150元。

创造奇迹般的“石锣精神”

1999年，他号召全村680名主要劳动力，靠肩挑背磨，用锄头、撮箕这些最简单的农具，历时14个月，在悬崖上凿出了一条17公里长的盘山公路。修筑这条路，匡后明只向国家争取了炸药费30万元，800多名村民人均集资100元、义务投劳145个工日。“敢想敢干，不等不靠”，这就是石锣人引以为傲的“石锣精神”。

卓有成效的“石锣产业”

2013年，政府鼓励发展山羊产业，村民犹豫观望，匡后明自己投入12万余元，在全村办起了第一个山羊养殖场，2014年创收两万多元。看得见的效益让村民动了心，李仁树、张明申等20多户村民都跟着办起了山羊养殖场，户均增收两三万元。看到有些贫困户没有启动资金无法行动起来，匡后明把自家的能繁母羊借给贫困户，不收分文。几年下来，匡后明借给陈清吉、李昌银等18户贫困户能繁母羊180余只。如今这些贫困户都已发展到30余只，每年能挣近万元。目前，石锣村山羊养殖户发展到了58户，总存栏量达到3000余只。

2014年，村里发展核桃种植，匡后明带头种植60亩。在他的带领下，全村种植核桃4500亩共12万多株。2019年，改良嫁接的1500亩优质核桃亩产值2000余元，180多户户均收入近2万元。67岁的建卡贫困户陈昌玉一家就卖了将近5万元。

2016年，申请财政支持20万元在核桃林种植魔芋300亩，村民积极性很高，匡后明全让给村民，自己花钱买魔芋种子。

匡后明始终坚信：群众争，他让；群众观望，他带头；不愁产业发展不起来。

做困难群众的“化缘人”

2015年，石锣村224户1024人中，就有建卡贫困户69户247人。其中，因学致贫的家庭达27户。像这样的家庭，如果能解决孩子读书的费用，就有了脱贫的希望。如何解决呢？匡后明把脑筋动到了自己的大女儿何晓琳身上。他发动大女儿每年资助2500元，帮助患有严重风湿和胃病的贫困户王耀福的子女完成学业。这些年，无论是到县上开会，还是去乡里办事，匡后明逢人就“化缘”，在他的奔波下，王耀福、谢宗国、朱德金、李仁树、王文芝等10余户极度困难家庭的孩子有了热心人资助。

千方百计筹资金组建“草根银行”

2009年，石锣村在当地政府引导下组建了农村资金互助社，匡后明担任理事长。扶贫互助金总额达111.3万元，由当地财政扶贫资金40万元、村集体组织公积金10万元和农户入股资金61.3万元组成，入社农户167户，其中贫困户58户。

为保证每笔钱都能用到实处，匡后明对村民们的情况了如指掌：谁是真的急需用钱，借款后能不能及时还上，他都一清二楚。

在石锣村，资金互助社真正起到了助农脱贫的“及时雨”作用。从2009年组建至今，石锣村资金互助社已滚动发放贷款700余笔、近800万元，其中贫困户获得贷款270人次、300余万元，没有一笔呆账坏账。靠着从资金互助社两次借来启动资金，五社贫困户乔光荣成功发展烤烟和山羊产业，并于2015年底成功摘掉贫困户“帽子”。贫困户乔玉联靠着从资金互助社借来的2万元建起了农家乐，一年收入可达1.5万元。

美德传承

巫溪县水利局农村水利水电科负责人

2016年以来，谭治康坚决贯彻精准扶贫、精准脱贫战略，成功帮助全县40余万名山区群众解决饮水难题，用心帮扶结对贫困户，用实际行动诠释了一名基层党员干部真情扶贫服务群众的担当情怀。

倾力“实干”，让40万乡亲告别吃水难

“天上下雨山下流，雨停三天用水愁”，曾经是巫溪县40余万山区群众用水的真实写照。2016年，他主动承担水利扶贫的工作，决心让山区群众有水吃、吃好水。

胜利乡境内无河流、少泉水，是巫溪县内缺水最为严重的区域之一。2018年，谭治康提出了跨区域引水建议，他带着技术人员和乡镇干部一起规划工程建设方案。2019年9月，一条长达46公里的引水管道，从文峰镇、塘坊镇穿山越岭而来，胜利片区1万余名群众自此告别了吃水难的日子。

这些年，谭治康走遍全县缺水地区。为寻找水源，谭治康无数次穿丛林、钻溶洞、攀悬崖，在树林中被蚂蟥咬过，下天坑时摔伤过，但他无怨无悔。他一定要让农村群众不再缺水吃，“不漏一户、不落一人”。

五年来，在谭治康的谋划和参与下，全县修建引调提工程800余处，2020年实现了安全饮水全覆盖。巫溪解决高山饮水难题的做法被新华社、《中国扶贫》杂志等主流媒体报道。

倾心“巧干”，让山区群众吃上“放心水”

农村饮水建设难，管理更难。

上磺镇石峰村，一直以来缺水严重，水质差。2016年，县里采取三级提水的方式，解决了石峰村饮水问题。但由于村里缺人力、缺制度、缺技术，管理一直跟不上。

2017年，谭治康创新提出了“三五户联管”模式，由相邻的三户五户相互监督、轮流值管。试行半年，效果显著。谭治康在全县推广该模式，水利部田学斌副部长来巫溪调研时给予高度肯定。

高山地区抽水扬程高，供水成本高。谭治康通过测算供水成本，在全市率先制定出台提水工程水价奖补方案，把6万余名高山群众的水价降到了5元/吨以内，受益户无不拍手称赞。

巫溪为解决贫困群众收入难题，安排了1000余名贫困户担任管水员，谭治康自己授课分片分期组织培训，平时又一个村一个村地跑，让这些贫困群众具备了管水技能，每人每年还可获得6000元劳务收入。

倾情“真干”，让帮扶户过上好日子

尖山镇尖山村的郝章学、高泽秋是谭治康帮扶的两个贫困户，2017年开始帮扶时，谭治康看到两家人的入户水管材质不达标，就自己花1000多元为两家更换水管。

郝章学家栽种了一批桂花树，但苦于品种不优，无法销售。谭治康托亲戚、找朋友，让郝章学家的桂花树变成了现钱。

高泽秋的老伴袁伍芝体弱多病，谭治康长期把药买了送到他家。谭治康还将老人接到县人民医院做全面检查，检查结束后，又将老人送回家。得知老人的病可以办理慢病卡，他主动去办理并送到老人手中。

他说，未来无论是稳固脱贫攻坚成果，还是乡村振兴，他都将一如既往地坚持为乡亲们做事，直到做不动的那一天。

同奔小康路

石柱土家族自治县委常委，
石柱土家族自治县中益乡党委书记

谭雪峰自2017年8月到重庆市深度贫困乡镇中益乡工作以来，带领干部群众集中精力火力攻克深度贫困堡垒，全乡539户贫困群众全部稳定脱贫，2020年底实现贫困人口人均可支配收入12719元，较2017年增加5200余元。2019年4月15日，习近平总书记亲临中益乡视察，对中益乡脱贫攻坚工作给予肯定。

“要到脱贫攻坚战场去。”

谭雪峰在石柱县的一个小山村长大，2009年7月清华大学硕士毕业后，他毅然放弃在北京的优厚待遇，不顾家人反对，考上重庆选调生后向市委组织部申请回到石柱县工作。工作期间，他多次放弃到市级部门的机会，2011年主动申请到村里担任第一书记，组织安排回到部门后又在2015年再次申请到乡镇，2017年转岗到中益乡工作，长期在脱贫攻坚一线淬炼战斗。

“干出翻天覆地的变化。”

为补齐路水电讯房短板，谭雪峰白天走项目现场，晚上开群众会，深夜还在讨论建设方案，和全乡干部用一年多工期抢出60余个项目。全乡新建和改造农村公路167.5公里，新建易地扶贫搬迁集中安置点4个，完成农村危旧房整治提升455户、人居环境整治1368户，实现组组通公路、户户通自来水、家家有信号、人人住房稳。回乡过年的务工群众都说，“你们干出了翻天覆地的变化”。

“这个产业我们选准了。”

为发展好特色产业，谭雪峰到县里知名企业、周围产业基地考察了个遍，请来市里的专家论证指导，还和干部们到群众家里挨家挨户算账动员，最终发展起黄精、前胡、中蜂等特色种养业。3年来，全乡引进和培育经营主体19家，带动发展中药材、特色果蔬1万余亩，产业示范园5个，实现贫困户产业全覆盖。习近平总书记视察中益乡黄精基地时说，“中益乡首先就是精准地选好了产业”。

“敢向改革要发展效益。”

为激发发展活力，谭雪峰带领全乡7个村推进“三变”改革，全部成立村集体公司，运用土地、农房、资金入股，发展黄精、脆桃等特色农业和手工扶贫车间、乡村民宿等特色项目，村集体平均收入超过10万元。华溪村“三变”改革经验被中央改革办刊发推广。

“带领乡亲们一起奔跑。”

谭雪峰创新开展“三三联动”抓党建促脱贫攻坚行动，推动新时代文明实践活动，“如今政策就是好，我要努力向前跑”成为全乡群众的共识，干部领着跑、群众主动跑在全乡蔚然成风，贫困群众都参与到产业发展、项目建设和监管中来。新冠肺炎疫情期间，中益贫困群众主动参与到代购生产生活物资、卡口值守等疫情防控工作中，还自发向武汉捐款16450元，捐赠蜂蜜360多斤。

“用辛苦换群众的幸福。”

为确保政策精准落实到户到人，谭雪峰带头遍访全乡贫困群众，解决问题150多个，实施辍学苗头防范、“治未病”、土木房屋老旧电线整治等巩固措施，让全乡“两不愁三保障”更有底气。全乡干部职工2018年只休息了3个双休日，2019年、2020年加班104天，干部们真正用自己的辛苦换来群众的幸福。

春种

秀山土家族苗族自治县川河盖蜜蜂养殖专业合作社理事长

年近60岁的白天树是土家族人，他从14岁开始便从事中华蜜蜂养殖，目前已成为武陵山区有名的养蜂大户。白天树牵头成立的川河盖蜜蜂养殖专业合作社，建成了1000余平方米的蜜蜂产品加工及包装厂房，购置并安装了蜂产品加工、包装、检测设备，建立了优质种蜂场2个，年可供优质种蜂4000余群。合作社先后获得了蜂产品SC认证、市级和国家级“示范合作社”称号。2017年3月以来，以白天树为理事长的秀山县川河盖蜜蜂养殖专业合作社，采取养殖技术兜底、赊销供种、委托代养、产品保底回收的产业发展模式，带动秀山县石耶镇、官庄街道等13个乡镇（街道）400余户（其中建卡贫困户185户）发展养蜂产业。白天树深入乡镇、农户，累计技术指导2600余人次，培训养蜂技术骨干300余人，合作社对农户赊销供种1820群，委托代养320群，保底回收产品280吨，建卡贫困户77户入股分红25万元。2019年，合作社带动的蜂农平均每户年收入1.2万元以上，部分蜂农年收入超过5万元，带动的185户贫困户全部实现脱贫。2015年，合作社争取到上海宋庆龄基金会农民创业接力棒项目基金100万元。到目前为止，该会累计投入秀山160万元，合作社为32户“接力棒”执行农户发放养殖器具1600余套，提供种蜂1600群，开展技术培训180人次。合作社还借助该县鼓励农村电商发展的政策机遇和全国农村电商示范基地的品牌优势，利用和建设微信公众号等新媒体，实现蜂蜜产品网络销售。发挥重庆市扶贫电商平台“网上村庄”、秀山云智科贸等平台优势，加大川河盖高端生态蜂蜜的品牌营销力度，实现蜂蜜产品网上销售，进一步提高了产品的知名度和附加值，巩固了合作社中蜂产业扶贫链条。截至目前，采取电商及新媒体等营销方式，累计销售蜂产品10余吨。

2018年以来，秀山县川河盖蜜蜂养殖专业合作社还以提供优质种蜂、技术服务的方式，帮助市内酉阳、万州、石柱、武隆四个区县及湖南省花垣县十八洞村共6个贫困村发展中蜂产业，提供优质种蜂600群，上门技术服务30余次。

田茂友

酉阳土家族苗族自治县可大乡客寨村村民

8年前，不惑之年的田茂友文化程度低、缺技术、无资金，母亲年迈多病，妻子体弱无劳，三个子女无钱上学等具体困难无时不困扰着他，然而四处打工赚不来稳定收入，回家种地种粮只能饱肚、喂猪只够过年。

“贫困户”是他们家的精准标签。

2013年正月，一次偶然机会，田茂友在收看新闻时看到习近平总书记到某地考察时强调，老百姓要致富增收，必须要有求变思想，光靠传统种地养猪不如调整结构种植经济作物。田茂友顿时茅塞顿开、深受启发。通过看新闻、听宣传，反复思考，四处打听之后，他毅然下定决心：栽油茶！

说干就干。田茂友第二天便和其兄、弟协商，将二人闲置的耕地荒山用来种植油茶。随后他一个人靠着简陋的设备，硬生生花了近一个月时间，将几十亩的土地全部整理完毕、开沟起垄。没有树苗，他就在八面山脚下漫山遍野地挖野生小茶树苗，又花了近两个月时间将这些野生“金元宝”全部种下。三个月的苦与累换来了40亩油茶园。

然而天公不作美，当年夏天，辛苦种植的40亩油茶因干旱枯死近一半。坐在土坎边，田茂友欲哭无泪。妻子埋怨、村民嘲笑……身体与心理的双重压力反而挑起他那股子不服输的狠劲儿，于是他白天忙活儿，晚上查找相关种植技术资料，总结失败经验，就这样边学边想边实践，他的油茶长势越来越喜人。为解决取水浇灌问题，他在地里挖了许多坑，铺上胶纸，下雨天便能蓄水；为了提高质量，他从江西购买优质茶苗置换长势差的茶苗。有了先进的种植技术，油茶被管理得井井有条。2020年，田茂友家一年稳定收入达8万余元。

在这个距离主城460公里的边陲小村寨，要克服交通不便、信息不畅等特殊困难，田茂友不等、不靠、不要，毅然决然向贫穷宣战；他十年如一日坚持经营油茶产业，向土地投入真情，向荒山要得效益；他笃定信念能脱贫，撸起袖子加油干，让绿水青山变成金山银山。他是千千万万脱贫大军中普通的一员，正是他们艰苦奋斗、自强不息的精神，汇聚成了攻坚贫困的滚滚洪流。

渐渐的，邻里上下、村寨之中打牌赌博的人少了，油茶园间劳作的身影多了；不务正业的人少了，探讨交流油茶等经济作物种植经验的声音多了；酗酒闲聊的人少了，劳作休息间隙优美的舞姿多了；油茶产业发展也引领了乡风文明迎面而来，带动文化建设

“重获新生”：作为土家摆手舞发祥地的可大乡客寨村，村民们更是将摆手舞跳进了北京城。

田茂友助推了产业发展。在田茂友的带动下，组里、村里掀起了通过产业发展的脱贫浪潮！油茶产业发展迎来属于客寨村的新春天。截至2020年，客寨村470户农户自愿入股土地高达4400亩，完成整地2400亩，栽种1200亩。全乡更是有3300户农户入股土地3.1万亩，新栽油茶达2.4万亩。

阿蓬江边绝壁下的新农村

彭水苗族土家族自治县三义乡驻乡工作队常务副队长，
重庆市能源局副局长

王祖勋坚持吃住在乡、在村，帮扶脱贫攻坚三年多无怨无悔，主动放弃了两次轮换机会。自2017年8月以来一直坚持“134”脱贫攻坚工作路径，除法定假日外每月平均吃住在乡在村工作26天，年均超出法定工作天数20.1%以上，抢出了近半年的攻坚时间。走村入户调研超过2758次，召开群众会院坝会1356次，在市级以上媒体宣传报道工作队脱贫攻坚工作1000多篇（次），国家级主流媒体报道152篇。

创新推动脱贫攻坚取得突出成效。创新“产业村长”制度，获人民网、新华网等国家级主流媒体持续报道，2020年4月8日重庆卫视新闻联播对其进行了专题报道；推出“五小”经济，拓宽了贫困群众增收渠道，重庆卫视新闻联播2017年11月26日对此进行了专题报道；创新推出“一道菜+”扶贫模式，重庆卫视新闻联播、重庆电视台《重庆发现》于2019年3月9日和3月11日分别对其进行了专题报道，中央电视台《致富经》栏目于同年12月赴现场进行专题采访；创新推出的“政府托底+产业基地”模式完成易地扶贫搬迁，重庆卫视新闻联播于2019年5月11日进行了专题报道。创新开展的“134”扶贫工作路径，被市扶贫办于2018年12月以《重庆彭水：实施“345”探索深度贫困脱贫路径》（重庆扶贫专报第90期）为题进行了通报推广；创立“池长”制推进农村扶贫资产管理变革，为全市破解村级公益设施“有人用缺人管”难题探索了路径。

脱贫任务全面完成。全乡贫困发生率从2017年的11.6%下降为零，贫困农户年均收入增长率达13.2%，村集体经济平均收入超过20万元。培育出中药材、食用菌、高山蔬菜、特色养殖等脱贫产业，带领全乡3个深度贫困村全部销号，605户贫困户2277名贫困人口全部脱贫。坚持“月调度、周安排、日推进”项目建设机制强力弥补“短板”“弱项”，规划项目250个，实际完成316个，脱贫规划的21项指标6项超额完成，其余均全面实现。直接推动新建农村路179.8公里，包括1座小（二）型水库在内的水利设施142座，促成乡中心校综合楼、乡卫生院、乡文化站、6个村级便民服务中心以及一批村级文化体育活动场地全面建成投用。完成易地扶贫搬迁190户918人、D级危房改造29户、不安全住房改造1441户的任务，全乡安全住房率、农村集中供水率、安全饮水率、行政村通客车率、村民小组公路通畅率全部达到100%，圆满完成了市委市政府、市发改委扶贫集团交办的脱贫攻坚任务。

邵红二

彭水苗族土家族自治县润溪乡莲花寺村党支部书记

邵红二同志自2014年当选为中共重庆市彭水苗族土家族自治县莲花寺村党支部书记以来，深入学习习近平新时代中国特色社会主义思想，深学笃用习近平总书记关于扶贫工作重要论述，带领全体村民砥砺奋进，于2017年底实现整村脱贫摘帽，2020年底全村161户贫困户657人全部脱贫，脱贫攻坚取得决定性成效。

党建引领，当好群众身边“贴心人”

一是强化思想武装，把“冲锋在一线”作为初心使命。建立脱贫攻坚讲习所，坚持用习近平总书记关于扶贫工作重要论述武装头脑、指导实践、推动工作，严格落实书记遍访制度，每月遍访全村贫困户161户/次，解决“两不愁三保障”问题800余件。**二是强化基层治理，把战斗堡垒“夯实在一线”。**争取投资200余万元，新建便民服务中心和活动广场及配套设施，将村便民服务与基层治理深度融合，坚持引领在支部、落实在网格，大力培养入党积极分子3名，村级后备干部5名，把党的政治优势、组织优势、密切联系群众优势转化为“战疫”“战贫”“战灾”的强大动力。**三是强化服务意识，把党的关怀“温暖在一线”。**始终将群众的冷暖放在心上，特别关心关爱低保户、五保户、残疾人、独居老人等弱势群体，定期、不定期上门走访了解困难群众生产生活情况，甚至不惜贴劳力、贴钱为群众修厕所、补贴家用，切实把党的温暖关怀送到百姓心中，引导群众感党恩、跟党走，让群众拥有更多幸福感和获得感。

实干为民，当好脱贫致富“引路人”

一是培育产业撬动增收“杠杆”。推广运用“产业村长”产业发展模式，发展中药材产业布福娜（黑老虎）近800亩，莲藕120余亩，健全扶贫产业与贫困群众利益联结机制，通过土地流转、吸纳劳动力务工、贫困户入股分红等方式，带动当地部分群众增收近60万元。**二是稳岗消费拓宽脱贫“深度”。**积极搭建就业服务平台，组织全村贫困劳动力输出180余人，实现劳务收入200余万元。深化消费扶贫，用好各级各类帮扶资源，推进电子商务扶贫专项行动，组织贫困户销售农副产品金额达90余万元。**三是“志智双**

扶”激发内生“动力”。坚持“宁愿苦干、不愿苦熬”，充分激发贫困群众内生发展动力，技能培训200余人，培育致富带头人4人，带动贫困人口68人。全村人均纯收入从2015年的6000余元上升到现在的13000余元，贫困发生率从30.08%降为零。

争资立项，当好美丽乡村“领头人”

一是提升基础条件“换颜”。以交通建设为重点，全村硬化公路27.6公里，解决了农户出行难问题。以“双硬化”为切入点，硬化人行便道9.7公里、院坝30940平方米，提升群众幸福指数。以饮水全覆盖为关注点，全村共计修建蓄水池49个，铺设管道59106米，有效解决全村饮水难问题。**二是壮大集体经济“增色”**。对2000余亩集体林地实行“三变”改革，涉及农户利益分红每户500元。集体资产冷水鱼基地出租每年收益10万元，发展种鹅基地养殖种鹅5000余只，实现集体经济收入30余万元。**三是改善人居环境“定妆”**。大力开展危旧房改造工程，改造房屋297栋，易地扶贫搬迁12户55人，妥善解决群众住房问题。扎实开展农村“三改”行动，大力实施美化、亮化、绿化工程，改厕203户，改厨129户，改圈88户，着力打造安居乐业、乡村美丽的新农村名片。

旅游扶贫

万盛经开区万东镇五和村党总支书记、村委会主任

走进万东镇五和村，映入眼帘的是干净整洁的乡村小道、整齐美观的农家小院、阐述往事的乡情陈列室，一道道美丽的风景宛如一幅山水画。何曾想，往日的一个贫困山村，转眼间蜕变成如今的乡村旅游示范村。然而，这一切的改变，都离不开辛勤付出的村党总支书记周冬勤。快50岁的她，把工作地当作她的家，把工作当作她的全部。

她是扶贫理论的“实践者”。周冬勤始终坚持以习近平新时代中国特色社会主义思想为指导，深学笃用习近平总书记关于扶贫工作重要论述，切实把做好脱贫攻坚工作作为增强“四个意识”、坚定“四个自信”、做到“两个维护”的具体行动，不断增强做好脱贫攻坚的政治自觉、思想自觉、行动自觉，推动全村脱贫攻坚工作往深里走、往实里走。

她是脱贫攻坚的“排头兵”。周冬勤立足岗位、履职尽责，全力统筹做好全村“两不愁三保障”、一达标、饮水安全、动态管理、“收官大决战”、成效考核等重点工作，有序推进贫困户到户产业发展，推动蔬菜大棚建设、猕猴桃产业发展等扶贫项目建设，持续增强贫困群众的自我发展能力。带领五和村新修建旅游接待中心、打造乡情陈列室、梨园文化广场、标准化医疗站共5800余平方米；修建产业便道及社级水泥公路140公里，争取到村内通公交，让百姓出行更方便。

她是贫困群众的“贴心人”。作为村帮扶干部中的一员，她经常通过入户走访、电话等方式向帮扶对象送去关心和慰问。结合五和村实际，发展了“五和果、五和鱼、五和菜”三大主导产业；成立重庆五和旅游开发有限公司，开展梨树认购活动，认购梨树2466株，实现收入93708元；开展五和梨采果节，通过直播销售、现场采摘等方式，实现销售额5万余元；引导老百姓用土地折资入股专业合作社，建成蔬菜大棚4000平方米，并通过多种方式壮大村集体经济，实现村集体收入20余万元。成功举办七届梨花文化旅游节，获得市级“十大乡镇节庆活动”“重庆市戏剧家活动基地”“重庆市十佳踏青胜地”“重庆市乡村旅游示范基地”等荣誉称号；2019年，央视现场直播小梨花、大产业、春赏花、夏摘果等活动。几年来，通过带领大家不懈努力，原来的穷山村发生了翻天覆地的变化，还获得全国文明村荣誉称号，经过不断的创新发展和提质增效，提升了五和村的知名度，也让老百姓鼓起了腰包。

熊亮

重庆市扶贫开发办公室考核评估处处长

熊亮同志信念坚定对党忠诚，矢志不渝扶贫济困。坚持以习近平新时代中国特色社会主义思想武装头脑、指导实践，不断增强“四个意识”，坚定“四个自信”，对党忠诚可靠，在大是大非面前头脑清醒、旗帜鲜明，贯彻执行党的方针政策和决策部署态度坚决、不打折扣，懂农业、爱农村、爱农民。工作20多年来，始终将提升政治素养与完成业务工作相结合，注重从理论到实践，再从实践到理论的学习和提高。针对全市脱贫攻坚中的重点、难点问题，卓有成效地开展调查研究，完成多篇调研报告，调研成果直接转化为政策出台、决策实施、项目推进的重要依据。

舍小家顾大家，用实际行动践行中共党员的使命

熊亮加班熬夜是家常便饭，甚至有时通宵达旦，没有周末和节假日。妻子和岳母被确诊恶性肿瘤，急需做手术和陪伴照顾，但他仍然早出晚归，从未向单位提出过请假，只能在短暂的相聚时间向挚爱的亲人表达歉意。

迎难而上主动作为，勇于担当不计得失

熊亮时刻把责任与担当放在首位，始终坚持在战略部署上“扣扣子”，在责任履行上“担担子”，在任务落实上“钉钉子”，一切从实际出发，干实事、干好事、求实效，认准的事情就坚持干到底，从不计较个人得失，遇事不避难、不推责。曾先后担任市扶贫办资金计划处、国际合作处、政策法规处以及考核评估处副处长、处长，且长期身兼数职，2019年甚至同时兼任考核评估处、政策法规处处长以及市委整改办业务指导组副组长。工作中他毫无怨言，既善于统筹协调，又敢于较真碰硬，还不断探索创新。建立完善了考核评估的标准体系和方式方法，“四位一体”的贫困退出验收机制得到国务院扶贫办的充分肯定，努力扣好精准脱贫“最后一颗扣子”；推动扶贫工作立法调研，组织开展扶贫系统文件合法性审查并牵头制定出台相关政策措施，2017年全程参与起草了《关于深化脱贫攻坚的意见》《调整我市国家扶贫开发工作重点区县脱贫摘帽计划的方案》《深度贫困乡（镇）定点包干脱贫攻坚行动方案》《全市脱贫攻坚问题整改

工作方案》等“一文三案”，及时完善脱贫攻坚相关政策，调整优化脱贫摘帽进度时序；营造脱贫攻坚良好舆论氛围，加大典型经验总结和宣传，讲好扶贫故事；圆满完成世界银行第五期扶贫项目，引进实施了一批外援项目，启动实施全市光伏扶贫试点工作；扎实做好中央脱贫攻坚专项巡视及各类问题整改的业务督导，创新建立整改工作信息平台以及相关监管制度，有效推动了各类问题整改落实，得到中央巡视组和国家脱贫攻坚成效考核工作组的肯定。

扶贫产业农旅融合发展

作风过硬表率突出，廉洁自律一身正气

熊亮待人真诚，襟怀坦荡，处事公正，拥有良好的干部群众口碑；作风正派，廉洁守纪，树立了党员干部的良好形象。2015—2017年，连续三年年度考核为优秀，荣立三等功；2019年，被重庆市委、市政府授予“重庆市乡村振兴贡献奖先进个人”称号。

颜安

重庆日报报业集团记者

颜安同志是一位长期从事“三农”报道和脱贫攻坚宣传报道的专家型记者。自脱贫攻坚战打响以来，他坚持学习贯彻党中央、国务院和重庆市委、市政府有关精准扶贫精准脱贫路线、方针、政策，坚持用习近平总书记关于扶贫工作重要论述武装头脑、指导实践、推动工作，围绕重庆市扶贫开发工作的阶段性重点工作、任务，每年采写扶贫相关新闻稿件上百篇，是一位高产的新闻记者。

从2009年联系扶贫工作以来，颜安以宣传扶贫为已任，足迹遍布33个有扶贫开发任务的区县，其中18个扶贫开发工作重点区县和18个市级深度贫困乡镇更是他采访的重点。每月，他有三分之一的时间在基层、在一线走村串户，采写更多带露珠、沾泥土、冒热气、接地气的新闻稿件。他的笔下，如实地反映出石柱县中益乡通过四个深度发力带来四个深刻变化的故事和历程；他走进奉节县平安乡文昌村贫困户朱学兵曾经蜗居的山洞里，挖掘出这位“山顶洞人”的脱贫故事；他将视角和笔触对准那些不等不靠、自强不息、奋发向上、努力奔跑的贫困对象，通过他的报道和宣传，丰都县十直镇秦榜沟村脱贫户付体碧、黔江区黑溪镇胜地村村民王贞六等人的先进事迹被更多的人了解，也感染和鼓舞了更多的人。

近年来，在脱贫攻坚工作重要时间节点、重大主题报道策划过程中，颜安均担任重要的组织者、实施者，有影响的报道诸如《习近平总书记来渝考察特别报道》《习近平总书记考察重庆一周年特别报道》《重走酉秀黔彭　感受脱贫巨变》等。在习近平总书记来渝考察当天，颜安作为特别报道组一员，赶赴石柱县中益乡华溪村，从下午一直回访到深夜；总书记考察重庆一周年，颜安再赴中益乡蹲点6天，直至4月15日凌晨还在市委宣传部修改稿件，最终保证了稿件的质量和效果，展现出全市各级各部门牢记嘱托加油干的精气神和扎扎实实的成效；“重走酉秀黔彭　感受脱贫巨变”系列报道，注重历史与现实交融，点与面穿插，人物讲述与经济社会发展宣述相结合，收到了市领导的高度肯定。颜安的这些报道，均在全国、全市产生了较为广泛的影响，受到了多方好评，当好了脱贫攻坚的“宣传员”。

党的十九大召开之后，新闻媒体如何在社会扶贫大格局中贡献自身的媒体力量，成为重庆日报的新闻富矿和探索的重要方向。颜安参与了“跟着党报去扶贫——重庆日报新闻扶贫大型公益活动”，深入基层一线，广泛收集各类线索。报道见报后，市级相关

有话给党说

部门积极响应，如市文旅委致电本报，主动为贫困山乡发展乡村旅游出谋划策，市卫健委就贫困区县如何进一步做好基层远程医疗，让贫困地区的群众能享受到更好的医疗资源主动支招。通过这样的活动，颜安较好地承担起了贫困地区与社会资本之间沟通联系的“传声筒”。

颜安还积极发挥新闻媒体第三方独立思考、观察、监督的作用，采写了大量思考性、探讨性的稿件，如《三大难题待解　业内人士支招》《脱贫摘帽，区县为何不积极？》等稿件，针对重庆市脱贫攻坚的阶段性、共性问题进行发问和解答，为相关部门及时发现工作问题提供了线索，多次获得中央及市领导的批示，当好了脱贫攻坚的“观察者”。

近年来，颜安还参与了中央、市委组织的有关脱贫攻坚政策落实和成效的调研活动。其中，2020年3月参与了中央办公厅在石柱县中益乡的蹲点调研，调研报告在《人民日报》、新华社等中央媒体刊发；2020年6月，独立采写完成国家发改委安排的重庆市易地扶贫搬迁调研报告任务，获得国家发改委肯定，为高层决策提供了重要的参考依据。

在多年的采访工作中，颜安作风踏实，积极提升“四力”，紧紧围绕重庆市扶贫开发战线上的各项工作，用新闻作品传递深入人心的精神力量。近年来，颜安多次获得重庆市新闻奖、全国省级党报好新闻奖，其中，采写的扶贫稿件获重庆新闻奖二等奖以上奖项6次，并获得2018年度“全市扶贫开发先进个人”荣誉称号。

西南大学精准扶贫与区域发展评估研究中心主任

廖和平教授带领团队以较真碰硬的态度做好脱贫攻坚的“质检仪”和“助推器”。五年来，她带领团队坚持“走最远的村、访最穷的户”和“坚持将论文写在祖国的大地上”两条主线，本着客观、公正、实事求是的第三方评估原则，积极服务国家和地方经济社会发展，在脱贫攻坚领域做出了突出贡献。

不忘初心担使命，较真碰硬做评估。安民之道，在于察其疾苦。廖和平教授始终把贫困群众的冷暖问题挂在心上，努力做好贫困群众的知心人。2016年以来，先后深入重庆、贵州、四川、云南、湖南、湖北、内蒙古、宁夏等13个省市（自治区）的200余个贫困区县、3000余个行政村、15余万户农户开展贫困县退出专项评估检查和精准扶贫工作成效第三方评估。思想上较真，工作上碰硬，方法上创新，为党中央、国务院、相关省市呈现全面、科学、真实的评估结果，评估工作多次受到中央电视台、《人民日报》、《光明日报》和《中国扶贫》等媒体报道。她负责撰写的国家精准扶贫工作成效第三方评估报告、贫困县退出评估检查报告等多次得到国务院扶贫办和相关省市的肯定和采纳，为科学推动精准扶贫和贫困县退出工作提供了重要决策支撑，为地方提供的1000余条脱贫攻坚工作建议，促进地方精准识别和精准帮扶工作，助力实现“两不愁三保障”，取得了很好的社会效益。

深耕巴渝山水，决胜脱贫攻坚。2018年，廖和平教授受邀作为扶贫领域专家代表在北戴河暑假专家活动中作主题发言，就重庆市激活贫困地区生态资产等内容进行汇报。撰写重庆市精准扶贫工作第三方评估报告、重庆市深度贫困乡镇扶贫开发工作第三方评估报告和相关决策咨询建议等，多次得到重庆市有关领导的肯定和采纳。积极开展“重庆市相对贫困、临界贫困及返贫机制研究”“重庆市相对贫困与乡村振兴有机衔接机制研究”等专项课题研究，为重庆市贫困人口如期脱贫、防止返贫献言献策。

脚下沾泥土，心中有丘壑。作为一名教师，廖和平教授坚持以身作则、实践育人，先后组织6000余名本科生和研究生深入贫困地区开展调研评估工作，将服务国家地方重大发展战略与高校人才培养根本任务紧密结合，力求把立德树人使命书写在祖国的大地上。《中国扶贫》杂志专题全过程报道了团队学生跋山涉水、入户访谈、创新方法、调查实情的先进事迹，高度评价了“学生娃”认真、较真、求真的精神。带领研究生团队积极探究贫困发生的原因、机理和空间分布规律，先后在国内学科核心期刊发表有关空间贫困、产业扶贫、相对贫困等研究论文30余篇，进一步丰富了贫困地理学和乡村地理学研究体系，为科学制定相关扶贫政策提供了重要借鉴和参考。

巫山县新疆宏博房地产集团有限公司董事长

魏宗平，重庆市巫山县铜鼓镇观阁村人，中共党员，现任新疆宏博房地产集团有限公司董事长。2008年荣获全国“优秀农民工”称号，2012年荣获重庆市首届外出创业十大新闻人物，2018年荣获全国脱贫攻坚奖奉献奖。

创业反哺带群众脱贫致富。魏宗平幼时家境贫寒，14岁就外出打工，2000年辗转到新疆乌鲁木齐从事外墙保温工程施工工作，2002年成立新疆佳能保温防腐安装工程有限公司。带领培养致富带头人110余名，余清华、冯永虎、刘朝成、冯明、辜令等一批当年一贫如洗的农民工，逐步成长为有所作为的企业家。每年帮助3万余名巫山人在新疆就业，人均年收入约6万元，每年创造劳务收入约15亿元，数千个家庭不仅因此摆脱了贫困，还盖起了小洋楼，扶贫效果明显。2014年在昌吉一个工地，一名工人在作业时从六楼摔下造成重伤，在包工头感到无望之时，魏宗平替他出钱出人出力，救护伤员，稳定工人，项目按时完成。

为贫困群众及时提供帮助。魏宗平作为重庆市农民工驻新疆办事处主任，充分利用国家和新疆发展南疆的有利时机，与新疆生产建设兵团十一师达成合作意向，组织家乡农民工积极参与南疆开发建设，为精准扶贫、搬迁移民、就业创业提供平台，目前已经有30余人到五团沙河镇就业创业。通过自己掌握的信息，为贫困群众就业创业串线搭桥，协调农民工到阿克苏种植水稻，到伊犁种棉花。在魏宗平的努力带动下，重庆在疆流动农民工达12万人以上，每年有近60亿元劳务收入投入家乡建设。积极帮助农民工依法维权讨要工资，安排办事处法律顾问为农民工提供无偿法律服务、无偿代理案件，协调解决215起拖欠农民工工资和侵占农民工利益等方面的问题，帮助农民工追讨工资、工伤赔付共计8600万元。

把温暖送到贫困户心坎上。魏宗平在外创业成功后，始终不忘父老乡亲。每年回家都要去看望铜鼓镇观阁村的孤寡老人、残障人和贫困户，给他们送去慰问金和慰问品，帮助他们解决生活中的困难，把有工作愿望、身体健康的孤寡老人接到新疆，在所属公司安排保安等适当工作。脱贫攻坚以来，魏宗平累计捐款800余万元，支持巫山4所农村学校建设，硬化铜鼓镇观阁村6米宽村级道路3.3公里，资助困难大学生和贫困对象180余人。

重庆
脱贫
攻坚
先锋

全国脱贫攻坚先进集体

在脱贫攻坚过程中，龙驹镇党委始终深入贯彻中央脱贫攻坚方略和市委、市政府决策部署，聚焦“三精准”、强化“三落实”，持续推进“四个深度发力”，坚持抓党建促脱贫攻坚、促特色小镇、促乡村振兴三轮驱动，强化组织领导，充分发挥党的领导核心作用，全面推进党支部标准化规范化建设，全镇呈现出经济快速发展、设施全面改善、活力不断增强、区域引领示范的可喜变化。

以“三师入户”为切入点，筑牢政策落实精准度。率先探索开展“干部遍访、三师入户（教师、医师、技师）”活动，累计发放教育资助516.44375万元、801人次，实现教师入户常态帮扶对接100%；先后发放医疗救助80.3万元、2669人次，实现医疗政策精准到人覆盖100%。

以“三民行动”为着力点，提升人民群众满意度。以“积分评星制”为载体，面对面听民情。通过村干部对在家农户开展全覆盖入户走访，收集各类诉求建议，开展先进典型农户奖励激励。以“院坝工作日”为抓手，手拉手解民怨。逐户建立完善民情台账，定期召开群众院坝会，共商解决措施、谋划增收渠道，解决群众身边的难事急事，有效化解群众怨气。以“提升满意度”为目标、心连心聚民意。先后开展“干群一家亲”“携手战贫困”等专项活动。

以“三乡创业”为聚合点，构建产业扶贫新载体。探索实施以“在乡能人创业、外出返乡创业、市民下乡创业”为主体的“三乡工程”，大力发展“归雁经济”，建立以股权融合、技术协作、生产联合、营销合作等为主要形式的带贫促收利益联结机制，全镇粮经比由60：40调整至20：80，新增中药材、茶叶等产业基地2.59万亩，建成百香果深加工、花椒深加工等扶贫车间5个，建成“3万亩经果林、8万头生态猪、500万只芦花鸡”的特色种养业，形成了每个主导产业“一个标准园区、一片规模基地、一个加工车间（仓储处理中心）、一个电商营销平台”的“四个一”发展体系。

以“志智双扶”为主抓手，激发镇域发展新动能。深入推进“两治”破陋习、实施“两立”育新风、紧握“两手”抓共建、打造“两队”提质量。编撰“攻坚路上好故事”50个，培塑表彰脱贫先锋、帮扶先进168人，开展脱贫宣讲126场次，印制“攻克深度贫困”系列画册、书本500册，“山沟沟里飞来了金凤凰”入选全国“携手奔小康”行动经典案例。

以科技助力为突破口，构建产业发展新格局。借助市科技局帮扶集团工作优势，同重庆三峡学院联建“梧桐科技小院”，由科技特派员技术团队深入村（居）开展土壤检测、新品种研发，探索建立智慧农业体系。先后实施科研课题15项、推广农业新技术（新模式）6项、建成科普基地5个、入库市级科技型企业18家。

以有机衔接为落脚点，开启乡村振兴新进程。深度推进“规划、政策、工作、保障”四个衔接，建立区级部门领导挂任镇领导班子成员和驻镇工作队员挂任区级部门副职双向挂职协作保障机制，实行驻村工作队员兼任乡村振兴指导员机制，全面推进镇域基础设施建设、扶贫产业发展、基层队伍建设，创新实行“国企进村镇”协作发展机制，实现了辖区村（社区）全面协调发展。

习近平总书记在中央扶贫开发工作会议上强调，**“引导他们（贫困地区干部群众）树立‘宁愿苦干、不愿苦熬’的观念，自力更生、艰苦奋斗，靠辛勤劳动改变贫困落后面貌”**。黔江区扶贫办始终牢记总书记的殷殷嘱托，充分发挥牵头抓总、统筹协调等职能职责，助力黔江区以“四个前所未有”推进脱贫攻坚，使黔江区发生了“六个翻天覆地”的变化，获得了“三个高度认可”。

坚持尽锐出战，把决胜的号令下到每个“战士”。国务院扶贫办副主任陈志刚在黔调研后指出，“黔江区党委政府对脱贫攻坚工作高度重视，基层干部展示了良好的精神面貌，感受到脱贫攻坚确实干了实事，农村的变化翻天覆地”。建言区委区政府以前所未有的领导力度、前所未有的力量动员，建立健全“区负总则，部门协作，乡镇街道抓落实，任务到村，责任到人”的工作体系，压紧压实“三级书记抓扶贫”的政治责任，深化“干部遍访、教师家访、医生随访”三访制度，干部作风发生了翻天覆地的变化，涌现出“仁义忠信、乐善不倦”的肖鸣、背起责任装满决心的“背包书记”田杰、招引能人回乡创业扶贫的“就业书记”刘昶等先进典型。

坚持精准方略，把决胜的任务落到每个“堡垒”。国务院扶贫办副主任夏更生赞誉“黔江是全国扶贫战线一面旗帜”。黔江区扶贫办深入学习领会党中央、市委、区委关于脱贫攻坚的新部署、新要求，分阶段起草各类指导性文件，明确了各阶段目标、重点和举措。创新“四个三”工作方法，以前所未有的精准程度，全面解决“两不愁三保障”及饮水安全问题，全部兑现各项扶贫政策，农村居民人均可支配收入发生了翻天覆地的变化，2020年农村居民人均可支配收入预计达到1.45万元，较2014年增长84%，建卡贫困户人均可支配收入预计1.3万元，较2014年增长171.1%。五年累计减少贫困人口11741户45132人，贫困发生率由2014年的13%降至零。

坚持改革创新，把决胜的保障铺到每个“阵地”。作为全国唯一的区县代表应邀参加“中国扶贫改革40周年座谈会”并作交流发言。五年累计统筹整合财政涉农资金35.59亿元，以前所未有的投入，助推全区经济社会、基础设施发生了翻天覆地的变化。渝东南中心、重庆次中心、武陵山区综合交通枢纽正加快构建；产业发展发生了翻天覆地的变化，“3+X”山地农业、“6+1”现代工业、“50A”生态旅游业现代产业体系不断壮大，投资120亿元的三塘盖国际旅游康养度假区、海通茧丝绸全产业链、100万头生猪一体化等系列助农项目形成强劲持久支撑；社会事业发展了翻天覆地的变化，建成渝东南唯有的两所高校、唯一的三甲医院和武陵山区最大的民营医院，农村文化室、广播、电视、通信以及文化室全覆盖。

坚持自力更生，把必胜的信念融入每个“因子”。“老少边山穷”地区走出全国脱贫攻坚奋进奖等大批典型。创新开展“我的扶贫故事、我的脱贫故事、我的创业故事”宣讲3000余场次，贫困群众内生动力发生了翻天覆地的变化，涌现出“2019年全国脱贫攻坚奖奋进奖”获得者王贞六等一大批脱贫先进典型。

艰难困苦，玉汝于成，黔江区脱贫攻坚工作取得了决定性的胜利，得到了群众、上级领导和社会各界的高度认可。

涪陵区大顺乡新兴村村委会

新兴村位于涪陵区大顺乡东南部，辖区面积7.79平方公里，有耕地4495亩、林地6500亩。村辖7个村民小组，487户1760人；村党支部设3个党小组，有党员65名。近年来，该村坚持以习近平新时代中国特色社会主义思想为指引，切实转变工作思路，强化机制创新，盘活闲置资源，推进农村“三变”改革，促脱贫攻坚见实效。

三个“抓手”提升脱贫攻坚“战斗力”。突出抓好“班子建设、党员队伍、人才培养”。把会经营、善管理、敢创新的中青年人才选为村“两委”成员，增强支部的凝聚力和战斗力。发挥党员联系服务群众的作用，建立党小组和村民小组“双组联动”“双联引领”“双议决策”“双评互促”四双机制，实施组级事务45件、办好事138件、调处纠纷54件。与涪陵广播电视大学达成合作协议，培养专科人才18名、中专人才45名，贫困户技能培训7期、218人次。

分类“排查”提升脱贫攻坚“精准度”。严格按照识别标准和程序，精准识别贫困户和脱贫户，按照“稳定脱贫户、巩固脱贫户、临界脱贫户、返贫户”进行分类和精准“画像”，探索分类施策机制。

盘活资源提升脱贫攻坚“长效性”。成立新型集体经济组织——村资管会，结合农村“三变”改革，引入城市资本盘活利用农村闲置宅基地和土地发展特色产业。村资管会收益按村集体占60%、村民小组集体占21%、农户占9%、资管会成员管理服务占10%的比例进行分配，其中村集体收益的20%作为专项扶贫基金。2018年以来，引进城市资本融合发展项目18个，盘活闲置宅基地5680平方米、土地1856亩，受益农户176户（其中贫困户56户），农户获得直接收益218.6万元、劳务报酬48万余元，村集体获得综合收益86.6万元，实现农民和村集体双增收，有效推进脱贫攻坚和乡村振兴衔接。

建立“机制”提升脱贫攻坚“管控力”。建立“区级部门联动认定、村扶贫工作室、村扶贫信息员、贫困户不诚信曝光、举报投诉”机制，确保扶贫“责任、阵地、队伍、对象、监督”有保障。

合川区三庙镇凤山村党支部

凤山村党支部坚持精准扶贫精准脱贫方略，切实强化政治担当，充分发挥党支部战斗堡垒和党员先锋模范作用，一改昔日市级贫困村落后面貌，一跃成为远近闻名的乡村振兴“示范点”。

聚焦党建引领，支部堡垒由“弱”变“强”，作风攻坚促进脱贫攻坚。率先推行“党建+脱贫攻坚”行动，以作风攻坚确保脱贫攻坚走深走实。一是建强支部堡垒，打造脱贫攻坚“先锋队”。推行以结果为导向的执行模式，整合驻村指导组、工作队力量全程推动、蹲点攻坚。二是筑牢思想根基，下好脱贫攻坚“先手棋”。从习近平总书记关于扶贫工作重要论述和党中央关于脱贫攻坚的决策部署中找方位，在扶贫宣讲、技能培训和“脱贫光荣户”等评比中扶志、扶智。三是压实帮扶责任，当好脱贫攻坚“先行军”。坚持党员干部联系贫困户、党员干部产业帮扶等制度，采取全面检查、重点督查、“双随机”抽查等方式，自加压力，把领导联系点建成脱贫攻坚示范点。

聚焦稳定增收，扶贫产业从无到有，利益联结跨村到户。以产业扶贫为重点，以改革创新为动力，“产业连体”“股权连心”，昔日贫困村开出了致富花、结出了致富果。一是试点“三变”改革，作为全国产业脱贫典型推介。探索成立瑞凤无花果种植合作社，构建起“公司+农户（全镇贫困户）+集体经济”的利益联结机制，无花果基地扩面至1200亩，建起了扶贫车间，无花果酵素、益生菌粉等新品面市，全镇454户贫困户占股分红，当地劳动力200余人就近务工。二是组建专业合作社，插花式产业扶贫“看得见摸得着”。成立双水井农作物种植、领航农机、寒风畜禽养殖等专业合作社，探索种养循环，带动贫困群众因地制宜发展生猪、花椒、柑橘、订单榨菜等“小产业”。三是坚持“借梯上楼”，让“小农户”参与“大循环”。依托邮乐购搭建电商平台，消费扶贫帮助群众线上线下销售农产品45万元。依托瑞凤无花果基地，举办采摘节，打造集鲜果采摘、科普教育、扶贫体验、生态农产品游乐购于一体的乡村旅游驿站。

聚焦基础支撑，生产生活条件由缺到好，集体经济从无到强。从解决群众操心事、烦心事、揪心事入手，群众获得感、幸福感和安全感得到显著增强。一是紧盯环境改善，实现品质提升。2015年以前，全村交通“基本靠走”。近年来，该村新建公路48公里、人行便道30公里，新建人饮工程3处、山坪塘81口、整治45口，高效节水灌溉1300亩，完成聚居点天然气、污水管网建设，改造危房57户，新改建卫生厕所210户，建成标准化村卫生室等，实现路网、电网、广电网、通讯网和管网“多网在村”。推行“红细胞·微治理”，试行乡贤代理院落，组建红袖标、绿马甲、文明劝导宣讲队开展志愿服务，全村面貌得到极大改善。二是紧盯政策落地，实现兜底解困。强化就业扶贫、教育扶贫、民政救助、健康扶贫，兜底保障全面落实。强化金融扶贫，贴息发放小额信贷78户、158.7万元，发展产业助脱贫。三是紧盯集体经济，实现扭“空”为“盈”。落实无花果基地、光伏发电、农贸市场项目，建成领航农机专业合作社，村集体流转土地搞种植，摘掉集体经济“空壳村”帽子，累计实现集体经济收入45万元。

永川区朱沱镇规划建设管理环保办公室

重庆市永川区朱沱镇规划建设管理环保办公室，现有职工9人，主要负责辖区内规划、建设、环境保护及耕地保护等工作。多年来，朱沱镇规建环保办认真贯彻落实习近平总书记视察重庆和在解决“两不愁三保障”突出问题座谈会上的重要讲话精神，以“危房不住人，人不住危房”为目标，瞄准对象、精准施策。截至2020年底，累计完成四类贫困人员危房改造2369户，边缘户旧房整治提升273户，一般户旧房整治提升473户，解决无房户房屋租赁540人次，帮助700余户贫困户完善住房功能，朱沱镇农村贫困人口的住房条件得到全面改善。

把好“政策关”，构建住房保障精准化体系。朱沱镇规建环保办印发了《永川区朱沱镇脱贫攻坚住房安全保障工作实施方案》《永川区朱沱镇危房改造验收办法》《朱沱镇住房安全保障工作政策须知》等文件，并联合镇扶贫办、民政办，严格审核每一份危房改造申请，坚决剔除不符合政策、优亲厚友的申请，杜绝了补助对象不精准、监督管理不到位、改造资金使用不规范等现象，得到了群众的肯定，实现了“零上访”。

把好“监管关”，构建住房保障网格化体系。2019年，朱沱镇规建环保办创新推行“农房建设监管分片制”，即将朱沱镇18个村分为149个网格，每个网格落实1名机关干部和1名村干部担任网格员，具体负责该网格内危房排查、鉴定、新增上报、落实工匠、质量监督及过程资料收集等工作，对该网格住房无保障人员实行“保姆式”服务。同时，朱沱镇规建环保办不定时对危房改造的施工过程进行抽检，确保农村危房改造质量达标。

把好“质量关”，构建住房保障标准化体系。朱沱镇规建环保办把建筑工匠培养作为住房安全保障的一项重要抓手。历年来，组织辖区工匠参加砌筑、木工等施工培训10余场次，累计培训工匠80余人次；组织住房安全鉴定技术培训，明确了农村危房鉴定的技术标准，为每村至少培养了2名具备一定专业知识的鉴定人员，为农村危房改造工作提供了强有力的人才保障。2019年，按时完成了654户危房改造任务及473户旧房整治提升任务，并成功实现入住，无一质量安全事故发生。

把好“配套关”，构建住房保障人性化体系。2019年，规建环保办全体同志深入贫困群众家中进行调研，形成朱沱镇住房保障专题调研报告，解决了危房改造工作存在的诸多难题。2020年，开展回头看行动，发现部分房屋内外配套设施不完善，无法满足群众对美好生活的向往。随即积极协调，整合各方资金，为困难群众修建院坝158户、道路66条，完善危改户的橱柜、衣柜、卫生间等功能700余户，切实改善了贫困户的居住环境。

南川区河图镇长坪村党支部

2015年以来，长坪村深入学习贯彻习近平总书记关于扶贫工作重要论述和系列重要讲话精神，积极开展一系列实践探索， 26户80人建卡贫困户按期实现高质量脱贫，入选国家扶贫办精准扶贫精准脱贫成功案例、中组部“五大发展理念”典型案例。

加大投入力度，夯实“两不愁三保障”基础

五年来，累计争取、整合各类资金4800余万元、实施项目12大项33小项，突出抓好基础设施完善、主导产业培育两个重点，全面落实基本医疗、义务教育扶持政策，让“两不愁”真不愁、“三保障”真保障。累计油化通村公路7.3公里、硬化社道路15.3公里，硬化入户便道10.8公里，新修、整治山坪塘蓄水池11口，建成集中人饮工程

1处，完成国土整治4500亩、农综整治1000亩，改造危房144户，整治旧房149户，农户改厕66户，全村生产生活条件发生根本性改变。依托资源、交通优势，引进农业企业3家、农村电商1家，培育专业合作社3个，大力发展茶叶、猕猴桃、金丝楠木、无花果、大棚蔬菜等产业2000余亩。通过发展产业、务工就业、土地入股、配股分红等方式，强化利益联结，增加群众收入，全村人均收入由2014年的4950元增加到2020年的17168元，年均增长41.1%，其中贫困户收入年均增长73.9%，达到14639元。

创新监管方式，把每一分扶贫资金都用在刀刃上

事前“七步骤”决策。按照“社员大会提议、村委会汇总、村民大会表决、村支‘两委’把关、镇职能部门初审、镇党委研究、提交申请”7个步骤，精准实施扶贫项目，坚决杜绝 “拍脑袋”决策。**事中“五方面”监督**。制定《村（社区）工程项目建设管理办法》，由镇相关工作人员、驻村干部、村支“两委”干部、村监委会成员、村民代表5个方面人员对项目招投标全面监督。**事后“两层面”监控**。组建由镇、村项目牵头领导、监委会主任、群众代表组成的项目验收小组，对验收结果逐一签字背书。**严把“七道关口”**。制定《长坪村扶贫资金管理流程图》，每一笔资金的使用，须由工作经办人、村监委会主任、村第一书记、镇驻村组长、镇驻村领导、镇长、村主任等7人依次签字审核，保障资金安全。

探索长效机制，巩固脱贫防止返贫

配股“保底分红”制度。率先探索政府+企业（合作社）+贫困户的增收模式。投入扶贫产业资金299.3万元，实现贫困户每年户均配股分红增收约1100元。**完善“治未病”防返贫机制**。与区中医院建立长期合作关系，为建卡贫困户开展免费全面体检，建立全区唯一直接为农村群众服务的中医馆。**激发内生动力机制**。通过开展“长坪村脱贫故事”微访谈、“榜样面对面”脱贫攻坚先进典型宣讲和“身边的扶贫模范” “十佳脱贫致富能手”“我们的乡贤我们评”等评选活动，激发贫困群众增强自身发展动力，养成良好的生活习惯。

潼南区宝龙镇严寨村党支部

潼南区宝龙镇严寨村有11个村民小组共1028户3162人，其中建档卡贫困户138户483人。严寨村是全区50个贫困村之一，也是一个“上访村”。

2017年，27岁的女大学生欧敏主动放弃城里稳定的工作，回乡担任该村党支部书记兼村主任。从此，严寨村党支部开始了脱贫攻坚“四跑行动”。**一是“跑经验”**。他们自掏腰包3000元，带领村干部和村民代表，先后到云阳、江津等地学习取经，找到了“合作社+农户+市场”的经营模式。回来之后召开了5次院坝会、2次村委会，研究制定了严寨村发展集体经济的新模式。通过“抱团化”发展、“订单式”种植和收购，建起了120亩核心基地，带动全村1020户农户种植沃柑、柚子等果树2000余亩。种植和销售加工型辣椒500余亩，平均亩产值6000元。户均增收1200元。**二是“跑资金”**。他们积极向宝龙镇党委政府、区委统战部，以及区农业农村委、区林业局等各级部门，反复汇报村上发展产业、大搞集体经济的初步计划，先后争取到两个产业发展项目、10万元启动资金和40万元项目资金。争取上级资金1332.5万元，修建公路28公里，入户道路12公里，11个村（居）民小组100%道路通畅。**三是“跑技术”**。多次和重庆市农业科学院、区农委专家对接，把专家请到田间地头，给村民们仔细讲解蔬菜、水果种植技术。先后开展技术培训20余次，线上咨询30余次，做到了参与发展的农户技术全覆盖，建成育苗大棚1200平方米，实施产业结构调整，新种植柚子、沃柑等经果2600亩，发展加工型辣椒500余亩，榨菜500余亩，群众收入快速提升。**四是“跑销路”**。他们多次到成都、达州等地联系蔬菜销售商和蔬菜加工企业，并与他们签订了保底收购的协议，为村民们种植的2000吨蔬菜找到了“婆家”。通过电商平台带动394户参与线上线下销售土鸡、土鸭、蜂蜜等特色农产品，其中贫困户有78户，占在家贫困户的96%；一般农户有316户，占在家农户的72%。2020年，电商平台已帮助农户们销售农产品金额达190万元。

如今，该村人均纯收达到15996元，其中贫困人口人均纯收入达到11190元，205户村民修起了小洋楼，189人买了小汽车，236人考起了大学，138户贫困户全部稳定脱贫。过去的贫困村变成了小康村，“上访村”变成了全区闻名的先进村。

人民网、凤凰新闻、重庆电视台先后报道了严寨村的先进事迹，村党支部书记欧敏先后获评“最美巴渝感动重庆十大人物”“重庆好人”“2019年重庆市巾帼建功标兵”“2019年重庆市最美家庭”“2020年重庆市脱贫攻坚先进个人”等荣誉称号。

中共荣昌区河包镇委员会

重庆市荣昌区河包镇辖区面积71平方公里，总人口4.3万，所辖的6个村（社区）中有两个村系市级脱贫出列村。该镇党委认真贯彻习近平总书记关于扶贫工作重要论述和视察重庆重要讲话精神以及决战决胜脱贫攻坚等座谈会会议精神，聚焦“两不愁三保障”突出问题，坚持精准方略，实行“五个尽锐出战”，坚决打赢打好脱贫攻坚战，以不获全胜绝不收兵的决心践行“两个维护”，确保了全镇854户2708名贫困人口如期稳定脱贫，建档立卡贫困户人均纯收入从2014年的2300元增长到2020年的11500余元，全镇顺利通过国家脱贫攻坚普查验收，脱贫成效十分明显，群众认可度和满意率达到100%。2020年10月，该镇党委、政府被表彰为全区脱贫攻坚先进集体，另有下属3个单位、11名个人受到区级表彰。

党建引领保障强。整顿软弱涣散党组织3个，因村（社区）选拔充实村支“两委”优秀人才13人，在两委班子中培养致富带头人7人。选派帮扶干部251人进行包户帮扶，执行“周五下午脱贫攻坚业务知识学习”和“周六扶贫日”工作制度。引导非公经济参与帮扶，优先聘用贫困人口、采购扶贫产品。

产业增收效果好。坚定不移把做强河包粉条产业作为脱贫增收抓手，新培育发展粉条生产企业18家、专业合作社46家，创建扶贫车间2个，解决119名建档立卡贫困人口就业，河包粉条占据川渝行业80%的市场份额，带动种植高淀粉红薯2万余亩、辣椒2000亩、花椒1200亩，直接解决农村剩余劳动力1.4万余人，2019年获评全国农业产业强镇示范建设优秀单位。借助西南大学等单位的科研帮扶，常年发展优质水稻3000亩、生猪4.3万头、林下土鸡1万只，并引进业主18个。发展集体经济项目8个，吸纳70名贫困人口就业，每年实现收益100万元以上。发放扶贫信用小贷477户1354.6万元，实现户户有产业、能增收。

基础条件改善大。建成“四好农村路”266公里、人行便道382公里，整治高标准农田15000亩，铺设灌溉水管网80余公里，新建灌溉用水设施772座。

民生保障工作实。完成三类重点对象农村危房改造868户，实施一般农户房屋改造1174户，拆除农村危旧房2300处，打造农村人居环境示范点6个、示范院落73个，安装太阳能路灯678盏，全镇自来水主管网到户和贫困户安装实现全覆盖。开发公益性岗位76个，输出贫困劳动力就业1311人，就业率达到85%。安置受疫情影响贫困劳动力就业46人，帮助18名贫困劳动力（含边缘人口）顺利返岗务工，销售扶贫农产品3000余万元，有效降低了疫情对脱贫攻坚的影响。

“志智双扶”措施准。组织党员干部2667人次创新开展“十指连心”、五级干部遍访等五大走访行动5.6万余次，举办小院讲堂、榜样面对面等五大宣讲活动425场次，从贫困户中培育了“增收能手”36名，其中2名贫困户被表彰为重庆市先进个人。

开州区就业和人才中心

2015年以来，重庆市开州区就业和人才中心探索创新多种服务模式，狠抓就业扶贫工作，取得显著成效。特别是2020年积极主动应对疫情影响，自主开发“就业扶贫‘五清’摸底调查系统”，摸清贫困劳动力的就业信息和就业需求，按需帮扶贫困劳动力出家门、上车门、进厂门，帮助5.5万名贫困人员全部实现就业。国务院扶贫办专报刊发开州区“抓贫困人员返岗就业”做法，《光明日报》、新华社等媒体相继进行深度报道。

拓宽渠道，让全员就业有岗位。释放“复产稳岗、外出返岗、招聘供岗、车间增岗、公益特岗、鼓励创岗”等“六岗”叠加效应，实现贫困人口年均转移就业3.8万人。复产稳岗。与浦里新区、经信委、商务委等部门联动，落实复产复工扶持政策，实现5000余名贫困人员及时返岗、上岗。外出返岗。与福建、广东、浙江等地的人力社保局对接，协同交通、卫健等部门，开展包车、专车服务，2.1万名贫困劳动力实现外出返岗。招聘供岗。结合“春风行动”“民营企业招聘周”等活动，线上线下结合，组织企业开展专场招聘活动。印送《岗位对接服务手册》3万册，把就业岗位送到贫困人员的家门口，定期和不定期开展现场招聘会98场次。车间增岗。鼓励企业在乡镇（村）创建扶贫车间、村社代工点以及手工编织等居家就业和灵活就业形态，吸纳农村就业困难人员就地就近就业。成功创建就业扶贫车间15个，带动就近就地就业173人。鼓励创岗。重点开展电子商务、旅游和特种养殖等创业培训，推荐创业项目，支持创业贷款，实现自主创业就业，成功支持919名贫困人员自主创业。公益特岗。对确实难以实现市场化就业的建卡贫困人员，大力开发林业看护、交通协管、保安保洁、环境卫生等协助管理类和公共服务类公益性岗位进行托底安置，动态消除“零就业”贫困家庭，累计通过开发公益岗位安置贫困人员就业3298人。

强化培训，让就业创业有技能。一是整合培训资源。聚合区人社、扶贫、移民、农委、旅游等培训资源，根据全区产业发展和贫困人员就业需求，有针对性地开展职业技能培训工作。二是丰富培训内容。创新打造“1+X”培训课程体系，将新市民文明礼仪、素质培训、“智志双扶”培训定为一门必修课，再开展茶果蔬、中药材种植，畜禽养殖、烹饪家服、企业生产等实用技术培训。三是创新培训方式。采取订单式、工学结合、“课堂田间地头”等多种方式，形成“进门是课堂、出门是现场”的课堂教学、自主学习、实训指导融为一体职业技能培训新模式，全力提高贫困劳动力的就业创业能力。仅政府补贴性培训达15746人次，就业适应性培训、农村实用技能培训实现全覆盖，确保有培训意愿的贫困人员“应训尽训”。

落实政策，让就业扶贫有实效。一是全面宣传政策。通过院坝会、走村入户、报纸板报、资料手册等多方式，把5方面、25项政策打捆宣传。印制政策手册5万份送到户，引导和鼓励贫困劳动力自谋职业、外出就业。二是全面兑现政策。五年来，累计兑现奖补资金近1.8亿元。99%的贫困户享受到了各类就业扶贫政策扶持，真正帮助贫困人口实现“一人就业、全家脱贫”的目标。

武隆区扶贫开发办公室

武隆区扶贫开发办公室充分发挥统筹协调和参谋助手作用，全办29名干部职工面对高强度的工作压力和高频度的工作节奏，常年加班加点、以一当十、无怨无悔，始终坚持把脱贫攻坚作为重大政治任务和首要民生工程，始终坚定“不获全胜、决不收兵”的信心和决心，始终秉承“忠诚第一、能力第二，执行第一、建议第二，团队第一、个人第二”的精神，引领全区如期高质量完成脱贫攻坚目标任务，取得了市级考核“四年考核、三年优秀”的好成绩，成功纳入全市三个脱贫攻坚经验交流示范基地之一、全市三个脱贫攻坚与乡村振兴衔接试点区县之一，天池苗寨、七彩堰塘两个村（点）被纳入国家级扶贫交流基地重点参观点。

探索“旅游扶贫”新路径，将特色生态资源转化为脱贫攻坚发展优势，实践出廊道带动、景区带动、合作社带动等5种生态旅游扶贫模式，曾两次入选《世界旅游联盟旅游减贫案例》；3万名贫困人口靠旅游摆脱贫困，1万名涉旅贫困人口人均年收入达2万元以上，实现“旅游做到哪里，那里的老百姓就脱贫致富”，蹚出了一条贫困山区旅游扶贫的新路子；2020年两会期间，习近平总书记为武隆区走出的脱贫新路子“点赞”。

坚持党对脱贫攻坚的引领作用，严格落实“四个不摘”工作要求，建立完善“市管领导+扶贫集团+驻村工作队+帮扶干部”帮扶机制，为打赢脱贫攻坚战提供坚强保障；其中，火炉镇保峰村党建引领脱贫致富奔小康成效得到全国政协主席汪洋批示肯定，羊角街道艳山红村党建引领激发群众内生动力经验做法得到中央脱贫攻坚巡视组高度肯定，生态旅游助推脱贫攻坚成效获脱贫攻坚全国第三方评估组的充分肯定。

成功举办全市乡村旅游扶贫和东西部扶贫协作现场会、全市“法治扶贫”现场会，为推动全市脱贫攻坚工作提供了武隆方案；其中，鲁渝协作助力堰塘吃上“旅游饭”入选《全国携手奔小康行动案例选编》，易地扶贫搬迁事迹入选全国“十三五”易地扶贫搬迁典型案例，长坝镇大元村抓党建促脱贫案例被中组部收录为全国典型，创新“兵支书”扶贫群体被中央军委国防动员部确定为脱贫攻坚重大典型；《探索建立解决相对贫困长效机制》入选全市脱贫攻坚“金点子”团体组第一名，财政专项扶贫资金绩效、扶贫信访工作、扶贫小额信贷等工作连年在全市考核为“优秀”。

在全市乃至全国率先创新开展贫困动态监测和“边缘户”扶持管理，研究制定了“1+7”“边缘户”扶持办法，为之后推行的“边缘户”扶持办法提供了武隆案例；圆满通过市级脱贫攻坚普查，“两不愁三保障”指标和明显改善指标达100%，其他指标均居全市前列；全覆盖建立村级贫困动态监测点，纳入国家级动态监测点1个、市级12个，切实加强监测预警和政策保障，实现了“漏评、错退”为零的目标。

坚持脱贫攻坚统揽全局，高站位落实政治责任。始终以脱贫攻坚统揽经济社会发展全局，以高效的统筹协调力总揽全局、协调各方，常态化推进春夏秋冬“四季战役”和百日攻坚行动，集中攻克深度贫困堡垒。建立“双组长+指挥长+乡镇指挥部+村指挥所+帮扶责任”的指挥体系和责任体系，层层压实攻坚责任。创新脱贫攻坚乡镇街道与帮扶单位捆绑考核机制，考核权重提高到50%。创新落实“54321”干部全覆盖结对帮扶责任制，形成全县干群同心攻坚、共奔小康的战天斗地攻坚氛围。

坚持全面贯彻精准方略，高质量实现脱贫摘帽。坚持把改善交通作为最紧迫任务，G69银百高速加快建设，渝西高铁即将开工，脱贫攻坚让25万城口人民圆了“高速高铁”梦。新建“农村四好公路”2747公里，路网密度由2014年的94公里/百平方公里提高到

136公里/百平方公里。紧紧围绕“扶持谁、谁来扶、怎么扶、如何退”，贯彻“六个精准”，实施“五个一批”，解决“两不愁三保障”突出问题。坚持把产业扶贫作为稳定脱贫的根本之策，“七大扶贫产业”构建起“山上中药材、林下山地鸡，坡上核桃树、百花中蜂蜜，香菌巴掌田、杂粮鸡窝地，火炕老腊肉、冷水生态鱼”的生态产业格局，培育发展农业产业、电子商务、乡村旅游扶贫等市场主体3530家，全县190个农村集体经济组织持续发展壮大。东安镇兴田村乡村旅游扶贫带动贫困群众脱贫致富的实践得到习近平总书记肯定。

坚持精神扶贫“志智双扶”，高强度激发内生动力。创新推进理论政策进农家扶思想、典型示范进农家扶志气、干部专家进农家扶人才、致富本领进农家扶技能、和美人居进农家扶环境、文明实践进农家扶新风的“六进六扶”行动，广泛激发贫困群众内生动力。成功创建新时代文明实践全国试点县，建立村、社区新时代文明实践积分超市204个，开展“志智双扶”志愿服务和新时代文明实践活动5万余场。累计评选表彰“脱贫致富光荣户”2402户，孝老爱亲和致富能手等典型600余人。实施“五干净六整齐”清洁家园、美丽乡村建设，开展“六改三建一美化”人居环境整治3万余户，群众生产生活方式极大改善。推进自治、法治、德治“三治融合”，推进“五大移风易俗”，新华每日电讯头版头条报道城口县465户贫困户主动申请脱贫事迹。

坚持党建引领铸魂聚力，高标准提升治贫能力。县委始终把坚持党的领导作为打赢脱贫攻坚战的根本保证，在脱贫攻坚一线培养锻炼干部，从县级部门选派120名干部到乡镇任正职或副职，25支驻乡工作队、90支驻村工作队和356名驻乡驻村干部“三在村”投入攻坚决战，全县6241名干部与贫困户一线并肩战脱贫。创新推进脱贫攻坚、基层党建、基层治理、文明实践“一张网”管理，推行农村党支部ABC分级分类考核管理，“一支一策”整顿软弱涣散村级党组织。实施网格化治理，全县党员干部进入1253个网格单元，把党的政策精准落实到千家万户。

城口县沿河乡人民政府

城口县沿河乡作为重庆市深度脱贫攻坚主战场之一，贫困人口多、贫困发生率高、贫困程度深，全乡紧盯“两不愁三保障”，聚焦深度改善生产生活生态条件、深度调整产业结构、深度推进农村集体产权制度改革、深度落实扶贫惠民政策，干群同心、尽锐出战，贫困发生率从2014年的21.3%降至2020年的零，群众满意度达98.74%，走在了秦巴山区区域脱贫最前列。

实施交通扶贫攻坚战，改变区位条件，
基础设施从“瓶颈制约”到“内联外畅”蜕变

过去，沿河乡是全市最后一个通公路的乡，全乡仅有3公里的通畅路、66%的通达

率，群众出行难、产业进乡难。全乡以“愚公之志”实施三年交通大会战，打通“沿双公路”主通道、畅通“产业路”内循环、啃下“老柏树公路”硬骨头，全乡通畅里程达到93公里、通达里程58公里，实现了“村村通、组组达”，全面融入全县“五纵五横多联线”干线公路网，成为连接全县西部片区4个乡镇和四川万源市的重要交通节点和出境大通道，解决了5万余人的出行难问题。

实施产业扶贫攻坚战，创新增收路径，
产业发展从“低产低效”向“强筋壮骨”质变

过去，沿河乡无主导产业、无龙头企业、无利益联结，村集体经济零收益。沿河乡立足以笋竹为主的山地生态资源，坚持“产业生态化，生态产业化”，通过“畅交通、引龙头、育主体、强产业、拓渠道、塑品牌”五大举措，构建形成了以笋竹、食用菌、乡村旅游为主的“1+2+N”特色产业发展格局，找准走实了生态产业发展路径。同时，深化农村“三变”改革，探索通过盘活资产、开发资源、投资置产、整合资金、电商反哺、投资创收、项目带动、资产租赁等八种“破零”增收利益联结机制，发展壮大村集体经济组织，每年各村集体收入均达到10万元以上，全面消除了集体经济“空壳村”，增强了产业造血功能和贫困人口就业创业能力。2019年联坪村香菇（花菇）产业被评为全国“一村一品”示范村。

实施“智志双扶”攻坚战，激活内生动力，
乡风文明从“陈规陋习”向“新风正气”蝶变

过去，沿河乡偏居一隅，信息匮乏，“等靠要”严重，“信神不信党”，环境“脏乱差”。全乡以新时代文明实践活动为抓手，实施“智志双扶”攻坚战，开展“感党恩·讲政策”“摒弃生活陋习、培育文明新风”“六进农家”“五大移风易俗”“整治无事酒”等乡风文明创建活动，实施“六改三建一美化”“五干净六整洁”“六乱整治”“三得十二看”改善人居环境，以社区营造、技能培训、典型示范和文化滋养育人，广泛动员群众参与共享共建共治，不断激发群众内生动力，推动“输血”式扶贫向

“造血”式扶贫转变。建成改善人居环境市级示范片1个、市级美丽乡村2个、重庆市文明村镇1个、美丽宜居乡村1个，评选脱贫光荣户96名、道德模范83名、新乡贤25名，培育精品民俗文化节目20个，扶强了群众脱贫观念，扶正了社会风气。

实施党建扶贫攻坚战，引领乡村治理，基层治理从“一盘散沙”到“三治融合”嬗变

过去，党员干部“双带”能力弱，群众自治意识差，干事创业氛围不浓。沿河乡通过深化党建扶贫，夯实基层基础，实施能人治村、双培双带、规范化建设三大工程，探索出“党建扎桩、德治树魂、院落织网”的“大网格+小院落”“党小组+党员+网格员+院落长”的网格党建模式，以党支部为引领，延伸基层服务，推动支部联建、队伍联育、服务联动、活动联抓，实现大小网格内人口信息、生活状况、住房安全、饮水保障、就业培训、产业发展、教育医疗、人才培育等情况的动态监测，群众自我管理、自我服务、“一约四会”等乡村治理机制不断健全，打造出“三和三美”联坪、红岩“院落党建”“北坡故事”等党建品牌3个，实现了“大事不出村，小事不出格，了事在院落”的“小院落大治理”。

五年来，沿河乡跑出了脱贫攻坚“加速度”，啃下了深度贫困“硬骨头”，实现了“一步跨千年”的历史巨变。面向“十四五”，沿河乡开启了乡村振兴新模式。

脱贫攻坚幸福路

丰都县三合街道童仙寨村党支部

自2015年以来，童仙寨村支“两委”深学笃用习近平总书记关于扶贫工作的重要论述和中央关于脱贫攻坚决策部署，切实增强“四个意识”、坚定“四个自信”、做到“两个维护”，始终坚持以脱贫攻坚统揽工作全局，紧紧围绕“六个精准”“五个一批”，按照“缺啥补啥”原则，贯彻精准方略，因地制宜，凝心聚力、加压驱动，全力确保真扶贫、扶真贫、真脱贫。

尽锐出战扶真贫。建立驻村工作队、包村工作组、村支“两委”、帮扶责任人“四位一体”工作体系，驻村工作队坚持“吃在村、住在村、干在村”，驻村工作队队长魏锡琼被群众亲切地称为“魏妈”，村支“两委”干部务实肯干，担当作为，作风过硬，一心为民，群众认可度高。

发展产业促增收。实施“支部+”战略，组建“支部+协会”“支部+合作社”，把支部建在产业上。建立“企业+基地+农户”产业发展模式，引入社会资本2100万元，培育本土农业新型经营主体5个，成功打造采摘田园综合体，发展枇杷采摘园1500亩、李花观光基地300亩、花椒种植基地800亩，直接吸纳45个贫困人口务工增收。探索建立“农旅融合”旅游消费扶贫模式，大力发展乡村趣味游，成功举办3届童仙寨枇杷盛果节，累计接待游客4万人，累计销售扶贫产品102万元，带动20余户贫困户就业增收。引进国家农业龙头企业温氏集团，建立“村集体+专业合作社+贫困户”产业发展“三联”利益联结模式，让村集体资金入股温氏集团参与肉鸡产业发展分红，切实解决“空壳村”难题，同时，利益联结全村所有贫困户，实现资产收益全覆盖。用好金融扶贫“源头活水”，累计引导全村贫困户金融扶贫贷款 67户次，贷款金额326万元，累计获贷率居全县贫困村第一位，同时，率先在全县实现边缘易致贫户小额信贷“零”突破。

环境整治做表率。大力实施基础设施建设和农村房屋改造，累计新、改建村社道路13.55公里，新建人行便道13公里，整修山坪塘20口，实施“农房四改”242户，C、D级危房改造156户，风貌改造88户，无害化厕所改造48户，乡村面貌大幅改善；建立“一分三定三勤三看四个一”（即卫生定时打扫、物品定点摆放、畜禽定点饲养；勤洗、勤扫、勤捡；看厨房、看卧室、看厕所是否干净；阳沟院坝一码平、柴禾粮菜一展齐、鞋子帕子一条线、家具灶具无一尘）积分管理制度，引导村民养成良好的卫生习惯，人居环境大幅提升，被确定为丰都县人居环境现场学习点。

创新机制激活力。成功建成全村广播“村村响”，多形式、常态化、全覆盖宣讲扶贫政策、扶贫故事。深入开展“感恩奋进、共话脱贫”主题教育，引导贫困群众充分认识脱贫攻坚深刻变化。“学送贫困家，志在学中立”荣获丰都县2018年度支部主题党日十佳案例称号。广泛开展先进典型评选活动，评选孝善人物1名、脱贫先进户2户、致富带头人7名。同时，扎实开展脱贫攻坚先进事迹报告会、榜样面对面宣传，群众自强不息、自力更生、脱贫光荣的意识日益浓厚，对脱贫攻坚认可度不断提高，干群关系更加融洽。

近年来，重庆市深度贫困乡三建乡以习近平总书记关于扶贫工作重要论述为指引，在市委、市政府坚强领导下，扛责复命、砥砺攻坚，6个贫困村全部出列、建卡贫困人口776户3127人全部稳定脱贫，综合贫困发生率由21.4%下降至零，如期兑现了“小康路上一个都不能掉队”的庄严承诺。

狠抓党的领导，深度凝聚了攻坚合力

成立以市人大常委会张轩主任为指挥长的丰都县三建乡脱贫攻坚指挥部，选派县人大常委会副主任兼任乡党委书记，每个村落实1名市管领导任包干责任人、1名曾任乡镇党委书记的同志任党建指导员、1名党支部副书记。为啃下场镇整体避险搬迁“硬骨头”，2018年乡党政干部搬进“冬冷夏热”的板房办公，让避险搬迁群众住进原办公楼，143名乡村干部、39名驻乡驻村干部、334名帮扶干部战天斗地，以“板房政府”托起贫困群众“脱贫梦”。深化“三治融合”，探索“百姓家规”“村民积分”“红黑榜”等制度，每年举办农民趣味运动会、春节团拜会等活动，全面激发群众内生动力。

狠抓精准施策，深度落实了各项扶贫惠民政策

坚持对标对表、精准到户，所有贫困群众“两不愁”真不愁、“三保障”有保障。教育保障方面，建成乡村学校少年宫、中心幼儿园，义务教育保障率、贫困学生受资助率均达100%。医疗保障方面，设县人民医院三建分院，医保参保率、家庭医生签约服务率、村医服务覆盖率均达100%。住房保障方面，农村危房改造率、易地扶贫搬迁完成率均达100%。饮水保障方面，实施茶沟子水库等区域性重大工程，饮水安全保障率、集中供水率均达100%。全面落实扶贫小额信贷、就业扶贫等政策，确保小康路上一个不少、一户不落。

狠抓资金投入，深度改善了发展基础条件

坚持“多个口子进、一个口子出”，统筹整合中央、市级、县级财政资金2.83亿元，规划的38个重点项目完工投用。其中，以“长藤结瓜”模式盘活长期闲置的山坪塘90余口、渠堰11公里，推动产业水系配套率由2015年不足10%提高至100%；全乡行政村通畅率、4G信号覆盖率、用电保障率分别由2015年的不足40%、10%、50%提高至100%，广大群众“吃水靠抬、煮饭靠柴、交通靠走、通讯靠吼”的历史一去不复返。

狠抓业态培育，深度调整了产业结构

整合产业资金4500万元，撬动社会资本投入1.75亿元，发展1.87万亩笋竹、青脆李和生态鱼养殖、民宿旅游等重点产业，特色产业覆盖率由2015年的不足10%提高至

100%。结合全域人居环境整治推进乡村旅游，支撑龙河（丰都段）成功创建全国示范河湖，绿春坝村荣膺“2020年度中国十大最美乡村（生态类）”。构建“区域电商集配中心+8个村级电商网点”电商扶贫体系，农副产品销售总额超1900万元，廖家坝社区电商网点销售额长期位列重庆市消费扶贫馆（线上专馆）前茅。

狠抓“三变”改革，深度释放了发展活力

针对“农民有资源无资产、农村有资源无市场、农业有空间无效益”现状，探索推行“政府主导、企业主体、农民主角”的全域“三变”改革，组建8个村（社区）股份合作社，建立“保底收益+‘334’（国有资本投资农户30%、村集体30%、企业40%）或‘316’（社会资本投资农户30%、村集体10%、企业60%）持股分红”机制，盘活贫瘠低效土地林地1.2万亩，带动户均增收9200元以上，村均集体经济收入从2015年的零增长到2020年的16.17万元。中央政治局委员、重庆市委书记陈敏尔赴三建乡调研，要求认真总结“三变”改革经验，“十四五”时期在有条件的地方继续稳妥推进。

小村庄丽色

云阳县泥溪镇人民政府

重庆市云阳县泥溪镇人民政府深学笃用习近平总书记关于扶贫工作重要论述，坚决扛起脱贫攻坚政治责任，经过全力攻坚、决战决胜，贫困发生率由2017年底的12.5%下降至零，贫困家庭人均纯收入比2017年增长1.5倍，村均集体经济收入达29万元。2019年度获得重庆市脱贫攻坚先进集体。

坚持精准方略，成为脱贫攻坚标杆。全面解决“两不愁三保障”突出问题，精准落实教育、医疗、住房等“三保障”政策，贫困学生学有所教，贫困群众病有所医、居有所安。统筹推进水、电、路、讯、房、环保等基础建设，行政村通畅率、安全饮水保障率、农村危旧房改造完成率、动力电保障率、4G网络覆盖率等实现率达100%。

坚持产业融合，成为农旅融合示范地。建成100万段黑木耳和100万袋香菇黑色食品、6000亩晚熟柑橘和3000亩乌梅绿色食品、三峡农耕园和泥溪产业融合园养心养生"三大产业基地"，产业规模达2万亩，产值达1亿元。全面深化农村"三变"改革，全镇2万亩土地资源变资产，3000余户农户变股东。农民除土地入股效益分红外，500余名群众变身产业工人，人、地、钱要素有效激活。推进"数字+智慧"，建成电商大数据平台、智慧农业监测系统，建成三峡农耕园、泥溪产业融合园，打造集农特产品生产展示、加工包装销售、观光体验为一体的AAA级景区，线上助销农特产品900万元。

坚持先行先试，成为改革创新先锋。勇当改革创新"试验田"，大胆探索改革经验。组建"产业联合体"，成立"村集体公司+占地农户"产业联合体，推行"土地入股"产业发展模式，探索"三次分红"利益联结机制，农民资源入股赚股金、园区务工挣薪金、产业分红挣现金，人均增收5000元以上。创新开展"卫生整洁、孝老爱亲、邻里和谐、诚信守法、兴业致富"的五星评比精神扶贫活动，全面激发群众内生动力。率先开展"垃圾归桶、畜禽归圈、柴禾归位"的"三归"行动，城乡人居环境"干净、整洁、有序"。全面探索基层治理新模式，逐村建立村规民约和村民议事会，特别是在整治无事酒和大操大办中，采取镇下发指导方案、村制定村规民约、农户签订承诺书三级联动机制，约定办理婚丧席桌、礼金上限标准，成立红白喜事理事会推动落实，每年村民户均减少不必要的礼金支出5000元以上。成立道德评议会、红白理事会、禁赌禁毒会等群众性组织，评选孝老爱亲模范人物21名，建设2个村级乡情博物馆。利用村级阵地搭建群众学法平台，组织法律顾问进村入户开展法治宣传教育，引导村民知法、守法、懂法、用法。全面推进"雪亮工程"，建设"1+10"乡村综治中心服务平台，织密织牢智能化社会治安防控管理体系。

云阳县扶贫开发办公室

重庆市云阳县是秦巴山集中连片特困地区国家扶贫开发工作重点县，新一轮动态建档立卡贫困人口13.4万人、贫困发生率12.9%，居重庆市第二位，是重庆市脱贫任务最重的区县之一。重庆市云阳县扶贫办在县委、县政府坚强领导下，认真履行县扶贫开发领导小组办公室统筹协调职能职责，高质量完成脱贫攻坚目标任务，为云阳脱贫攻坚事业做出了突出贡献。

牢记使命，敢于担当。云阳县扶贫办深学笃用习近平总书记关于扶贫工作的重要论述，坚决贯彻落实中央决策部署和市委市政府工作要求，在县委县政府坚强领导下，全面履行扶贫开发领导小组办公室统筹协调职能。全办上下采取“5+2”、“白+黑”、苦干实干的工作模式和态度，聚焦高质量打赢脱贫攻坚战目标，统筹整合涉农资金104.1亿元，推动完善“1+28”政策体系，推行“周报告、月调度、季评比、年考核”工作机制，全面推进责任、任务、工作“三落实”。2018年成功通过国家贫困县退出评估检查验收，高质量实现“整县摘帽”；2020年高质量通过国家普查和事后数据质量抽查。145个贫困村、13.4万名贫困人口全部稳定实现脱贫。建档立卡贫困人口人均可支配收入从2014年的2904元增加到2020年的12971元，年均增长21.2%，区域性整体贫困得到有效解决，“两不愁三保障”全面实现，绝对贫困历史性消除。

善作善成，勇于创新。云阳县扶贫办探索出一系列在全国有影响力的“云阳实践”“云阳经验”，率先制定贫困对象精准识别精准退出办法，为全市完善贫困对象动态识别管理办法提供实践依据；推动首创贫困患者居家康复救助机制，并在全国做经验交流，被国家卫健委、国务院扶贫办通报表扬；推动探索易地扶贫搬迁“企业+基地+专业合作社+搬迁户”联动发展模式，获评“十三五”全国100个易地扶贫搬迁工作成效明显县，后续扶持成为全国样板；消费扶贫经验入选2020年全国50个典型案例；打造“云阳面工”就业培训特色品牌，被人力资源和社会保障部评为舌尖上的劳务品牌；探索扶贫资金管理使用和项目招投标“以案四改”的“六制度一平台一公约”制度，推动了扶贫资金效益最大化，经验在新华社《内参清样》、《人民日报》刊发并全市推广；创新建立“脱贫荣誉制度”，常态化开展“干群一家亲”活动，激发群众内生动力，凝聚起“众志成城、苦干实干”的脱贫攻坚精神；“送教上门”、驻村工作队“双赛”等经验做法，被各级媒体广泛宣传报道，为全市脱贫攻坚提供了有益借鉴，书写了云阳减贫奇迹的精彩篇章。

精诚团结、甘于贡献。云阳县扶贫办组织力、凝聚力、战斗力强。脱贫摘帽前，是全市重点扶贫区县扶贫办中唯一一个没有抽调专人办公的区县，全办不仅承担县扶贫开发领导小组办公室的职能职责，还承担脱贫摘帽指挥中心、落实中央脱贫攻坚专项巡视反馈意见整改工作领导小组办公室的职能职责。同时，全办还承担3个贫困村帮扶任务，派驻4名干部担任第一书记或驻村工作队员，机关干部分别结对帮扶3~5户贫困户。面对繁重的攻坚任务和帮扶任务，办领导班子团结协作，以上率先、以身作则，全办上下采取“5+2”“白+黑”的工作模式，众志成城、苦干实干。党组书记、主任李兴琼同志2017年底长时间下乡，双脚磨破了皮，因脱贫摘帽期间无时间住院治疗导致骨膜炎反复感染，至今未完全恢复，因业务电话联系繁重导致双耳听力严重下降现需依靠助听器生活；机关干部袁金鑫身患鼻癌仍坚持一线工作。脱贫攻坚以来，全办5名干部被提拔重用，4名干部被县委、县政府记功或嘉奖，2名干部获重庆市扶贫工作先进个人。

实施脱贫攻坚战以来，巫溪县天元乡党委深学笃用习近平总书记关于扶贫工作重要论述，深入贯彻落实习近平总书记在解决“两不愁三保障”突出问题座谈会上的重要讲话精神和视察重庆重要讲话精神，团结带领干部群众发扬“石头缝里奔小康”的苦干实干精神，全力攻克深贫堡垒，实现“千年蝶变”。

健全工作机制，高位推动脱贫攻坚工作。细化出台“1+5”规划体系和系列实施方案，建立协调指挥部决策部署、攻坚办统筹调度、业务工作组具体执行的运行机制，实行“日报告、双周工作安排、月通报”制度推进脱贫攻坚。

坚持以问题为导向，“两不愁三保障”突出问题全面清零。733户贫困户吃穿“两不愁”问题全面解决，饮水安全问题全面销号，累计完成C、D级危房改造632户，易地扶贫搬迁289户，解决四类特殊困难群体住房50户，安全住房全面保障；514名学生全面落实教育资助政策，2名残疾学生实行定期送教上门，“八重医疗保障”政策全面落实，实现学有所教、病有所医。

按照项目化、清单化、责任化要求，重点基础设施项目建设全面完成。规划实施项目72个，高城路全线贯通，村级公路提档升级，全面实现社社通畅、户户通达目标。公共基础设施进一步完善，新安装路灯1400盏，乡村“点亮”工程全面完成。大美乡村综合整治完成“五改两治”852户，农村面貌焕然一新，“七彩天元”格局初显，村容村貌逐渐靓丽。

以四大主导产业为核心，优化调整产业空间布局。建成中药材种植、特色水果、中蜂、草食牲畜“四个万级”产业基地，就业扶贫车间8个，全乡粮经比调整达10：90，全面实现村村有主导产业、户户产业全覆盖，“一村一品、一乡一业”产业格局基本形成，2020年农村人均可支配收入达1.5万元。

坚持抓党建促脱贫，党建引领和战斗堡垒作用不断加强。创建标准化基层党组织8个，整顿软弱涣散基层党组织1个，加大专业合作社、产业链党组织组建力度，推动基层党建与经济发展互促共赢。

大力推进乡风文明建设，群众获得感、幸福感不断增强。开展“四晒”进高校、进村社、进农家、进田间宣讲300余场次，晒出了党恩，晒出了奉献，晒出了干劲，晒出了民心。分村成立“美丽乡村共建会”，每月定期开展乡风文明建设积分兑换活动，进一步提升贫困群众内生动力。

畅通农产品销售“最后一公里”，让脱贫攻坚的成果惠及广大百姓。推出“天谷元乡”区域农特产品公共品牌，注册食品加工、乡村旅游等15个门类产品商标。38类“天谷元乡”品牌农特产品通过认证并入驻市内外商超及淘宝、天猫旗舰店、扶贫“832”、建行善融商务、抖音直播、淘宝等电商平台。2019年，天元乡消费扶贫销售农产品金额达1700余万元。带贫1452户，贫困户人均增收3700元以上，增幅达61%。

中共石柱土家族自治县委员会

石柱县委认真贯彻精准扶贫精准脱贫基本方略，全力抓好工作落实，累计实现85个贫困村、17541户63101人脱贫，贫困村均出列、贫困人口均脱贫达标。2019年4月15日，习近平总书记亲临石柱县视察，充分肯定"两不愁三保障"工作的完成情况；2019年4月，石柱县以零漏评、零错退、群众认可度97.91%的良好成效，一举摘掉国家级贫困县帽子；2019年10月，石柱县委荣获全国脱贫攻坚奖组织创新奖。

坚持"千钧重担众人挑"，构建严实责任体系，凝聚合力攻坚拔寨

一是加强组织领导。建立县委常委直接分管行业扶贫、县领导定点包干帮扶乡镇

（街道）机制，35名市管领导干部、989名驻乡驻村工作队员、4880名结对帮扶干部驻乡驻村、帮扶到户。**二是加强业务指导。**成立16个行业扶贫指挥部，由县领导担任指挥长、各单位业务技术骨干为成员，精准推进行业扶贫工作。**三是加强全程督导。**建立5个片区督导组和监督执纪、责任落实、业务工作3个专项督查组，将监督问责贯穿脱贫攻坚全过程。

坚持“政策措施到人头”，聚焦“两不愁三保障”，全面筑牢脱贫硬底

一是兜底政策到户到人。按规定将3101户6091名贫困人口纳入低保兜底；实施临时困难救助11791人次3093万元。**二是义务教育到户到人。**出台5个“补丁”政策，资助贫困学生56.14万人次3.75亿元，无一例适龄学生因贫失学。**三是基本医疗到户到人。**制定资助参保等政策，累计救助贫困病人57.67万人次1.66亿元。**四是住房安全到户到人。**建成易地扶贫搬迁集中安置点6个，搬迁安置1854户6636人；改造农村C、D级危房12329户，旧房整治提升1.5万户。

坚持“集中火力攻山头”，围绕“四个深度发力”，坚决攻克坚中之坚

一是深度改善生产生活生态条件。实施交通等6个项目包，公路通畅率、住房安稳率、饮水安全覆盖率均达100%。**二是深度调整产业结构。**聚焦中益乡“中华蜜蜂小镇”主题定位，发展特色产业1.8万亩、中蜂养殖8000群。**三是深度推进农业农村改革。**深化华溪村“三变”改革市级试点和6个村集体经济发展，与1100余户农户建立利益联结机制，实现贫困户户均增收2700元以上，“三变”改革经验获中央改革办肯定。**四是深度落实各项扶贫惠民政策。**以“甜生活·新中益”精准扶贫专项行动为抓手，把牢政策宣传、培训、公示、落实“四关”，做到应纳尽纳、应享尽享。

坚持“做强产业扶长远”，发展特色长效产业，打好有效衔接基础

一是选准产业。深度调整产业结构，新发展长效产业30万亩，实现有意愿、有条

件的贫困户产业全覆盖。**二是延伸链条**。发展农产品加工业、康养休闲旅游业和农村电商，培引加工企业138家、经营主体2010个，电商扶贫带动7100户贫困户增收。**三是健全机制**。探索股权、基金、信贷、旅游4种资产收益扶贫模式，每名贫困户至少有一个扶贫产业带动，其做法被中央政策研究室相关刊物刊载。

坚持“党建引领是根本”，深化抓党建促脱贫，强化攻坚政治保障

一是推动基层党组织强起来。整顿85个贫困村党支部，调整党支部书记105人，发展农村党员415名，回引本土人才365名，基层战斗堡垒作用明显增强。**二是推动集体经济富起来**。发展壮大七型集体经济，实现229个涉农村（社区）集体经济项目和经营性收入全覆盖。**三是推动干部作风实起来**。把脱贫攻坚纳入县管领导班子实绩考核，强化结果运用，提拔、进一步使用脱贫攻坚一线优秀干部126人、38人，分别占同期同类别的42.5%、36.7%。**四是推动广大群众动起来**。开展“牢记嘱托、感恩奋进”思想教育，实施精神扶贫“六大行动”，贫困群众向前奔跑的劲头更足。

你追我赶奔小康

秀山土家族苗族自治县电子商务产业发展领导小组办公室

2014年以来，秀山县依托功能完善的物流体系，逐步构建起电商物流、农产品上行、人才培养、电商服务和电商平台“五大体系”，着力在生产、流通、消费等各环节打通制约消费扶贫的痛点、难点和堵点，将地处偏远的劣势和自然资源较好的优势进行了互换，贫困对象过上了越来越好的日子。目前，秀山县被评为“国家电子商务示范基地”“全国农村电商十大模式”“全国贫困县农产品电商销售10强县”，两次纳入“国家电子商务进农村综合示范县”建设，“秀山电商产业帮扶纪实”入选农业农村部产业扶贫100个产业帮扶典型故事，电商产业链覆盖全县100%的贫困村、80%的贫困户。

通过构建城乡配送、区域分拨、全国直达三级物流网络，形成“T+1”“1+T”城乡双向物流体系，有效破解两个“物流一公里”难题，秀山快递物流时效快至51.4小时，快递“首重”全国包邮从每单17元降至3元，最低至1.8元，大幅度降低贫困山区农产品上行物流成本。2020年秀山快递发出量达2680万件。

通过县城建核、乡村布点、网络拓展，构建起线下武陵生活馆、线上村头平台电商平台体系，有效破解“谁来卖、怎么卖”难题，由村头团队代运营的重庆市消费扶贫馆，短短4个月卖出扶贫产品2亿多元；近五年，秀山通过农村电商卖出50.77亿元的农产品及加工品，尤其是通过搭建武陵山消费扶贫交易中心，线上线下助推武陵山区贫困地区扶贫产品销售，带动了武陵山区广大贫困群众增收。

通过建设云智电商学校、秀山电商学院，构建起“专业化全过程”人才培训体系，有效破解“输血、造血”难题。“流水席”式开展普及、技能、创业递进式培训教学，培养了营销、美工、客服等技能精英6500余名，全县电商从业人员达到3万人，带动贫困群众创业就业3500余人；累计开展普及培训6.2万人次，其中培训贫困群众1.5万人次，将农村电商纳入干部培训重要内容，引导领导干部用互联网思维谋划实体产业发展，形成了“言必电商、言必扶贫”良好格局。

通过打造电商基地、建设加工中心、创建电商品牌方式，构建起“一体化产业链”产品开发体系，有效破解“农产品接二连三”难题。每年签订柑橘、辣椒、土豆等农产品包销订单3万亩以上，带动全县2000余个电商扶贫基地发展，带动7908户贫困户参与产业发展。

通过建立资金扶持、一站服务、融合发展机制，构建起“全方位无死角”电商服务体系，有效破解“电商企业发展壮大”难题，从主体培育、技术创新、品牌建设、业务拓展等方面予以扶持，累计培育了年网络销售额上亿元企业5家，全县共有电商主体1760多家、网络店铺16500个，年均网络零售额20亿元以上，2020年网络零售额实现31亿元。

抓班子，固本强基有“靠山”

官楠村党支部从实际出发，创新思路、更新观念，以服务型基层党组织创建为抓手。**一是学深悟透上下功夫。**深入学习贯彻党的十九大和十九届二中、三中、四中、五中全会精神，认真学习习近平总书记关于扶贫工作重要论述。认真开好“三会一课”和组织生活会，通过强化理论学习和业务培训，提高干部的集体意识、大局意识和责任意识。**二是党员先锋有作为。**组织村党员干部通过“一帮一、多帮一”的方式，为发展能力较弱的贫困户制订产业发展计划，并逐一落实，帮助其实现增收。**三是党员队伍添活**

力。从“经济能手”“致富能手”等对象中培养党员3名，从年轻党员、转业退伍军人等对象中培养3名村委后备干部。

抓服务，脱贫致富有“支撑”

在统筹党建工作与民生工作中，村党员干部始终作为能战斗、冲在前的带头人。**一是贴近群众解疑难**。为官楠村6个村民小组进行河堤改造。未改造前，年年遇洪水，800多亩零散“小田”被淹。改造后，河堤总长度4公里，河道加宽并设计3.5米的机耕道，隐患彻底解决。同时将800多亩零散“小田”改造，改成5~10亩不等适宜机械耕种的“大田”。为打消村民们对改田后的权属、面积等问题的顾虑，村党员干部连续奋战40个不眠夜，利用村民小组会、火铺会、院坝会等方式，对800多亩零散“小田”农户，进行逐组宣传、逐户讲解。**二是心系群众解民忧**。村党支部组织建立党员下访制度，通过收集社情民意，立足村情，制订相应措施，解决了官楠村3组（骨干山）17户70余人的饮水难问题。短短5公里，荆棘丛生，遍布五步毒蛇，马蜂随处可见，村党员干部迎难而上，寻找水源。他们用脚步丈量责任，用实干诠释担当，用汗水换来泉水。**三是信访评理解纠纷**。村党支部着力构建“群众说事、干部解题”工作机制。2020年以来，官楠村共说事68件，解题68件，办结率和满意率均达到100%，真正做到了“小事不出户、大事不出组、难事不出村”。

抓产业，农民增收有“帮手”

一是以“短平快”特色产业项目为抓手。通过培育发展鲜食玉米、优质水稻、辣椒、山羊、白鹅等种养殖业，人均纯收入从2014年的3500元提高到2020年的10356元。**二是以“长效”新型产业为目标**。结合村实际情况，村党员干部带领村民开荒撂土，全村共建成李子基地520亩、骨干山茶叶基地500亩。**三是依托地域优势**。建成农产品营销中心一个，实现农商高效对接，有效拓宽了群众增收渠道。2020年以来，全村电商销售额突破70万元。

彭水苗族土家族自治县大垭乡大垭村村民委员会

重庆市彭水苗族土家族自治县大垭乡大垭村村民委员会深学笃用习近平新时代中国特色社会主义思想，将习近平总书记关于扶贫工作重要论述作为打赢脱贫攻坚战的根本遵循，以攻坚强党建，强党建促脱贫，不断夯实基层战斗堡垒，带领党员干部群众“志智双扶”、苦干实干，在脱贫攻坚战场中冲锋陷阵、披荆斩棘，全村150户639名贫困人口全部脱贫，脱贫攻坚取得决定性成效。

不等不靠，打好攻坚“主动仗”。一是激发脱贫之“志”。大垭村村民委员会坚持“扶贫先扶志，治穷先治愚”的思想，组织全体村干部通过群众会、院坝会、讲习所、走访入户宣传等多种形式宣传扶贫政策，大力开展“不等不靠、艰苦奋斗”“精准扶贫不是养懒人”等思想行动，不断增强贫困群众脱贫致富的信心。二是凝聚帮扶之

“力”。积极对接大垭村驻村工作队、乡政府驻村干部、对口帮扶单位县供电公司对本村贫困户的就医、就学、医疗、产业发展、人居环境改造等方面进行帮扶，村结对帮扶干部认真履行“八个一”帮扶职责，用心用情为贫困群众做实事、解难题。三是夯实发展之“基”。广泛听取群众意见、促进项目建设申报，完善村基础设施建设。目前农网电力改造已实施完毕，人畜饮水修建19口水池，全村公路28.58公里已全部完成硬化，通讯方面实现了移动4G信号全覆盖，人居环境房屋改造394户，基础条件的极大改善为推进大垭村全面脱贫与乡村振兴有机衔接奠定了坚实基础。

科学布局，下好产业“先手棋”。根据大垭村的资源优势，大垭村村民委员会牵头制订了本村产业发展规划，确定本村以蔬菜、经果林为主导产业的发展模式，积极鼓励本村种植养殖大户发展特色产业，带动周边农户及贫困户增收。截至目前，大垭村已发展高山蔬菜1000亩、经果林2000亩、中蜂1300群、中药材200亩，通过产业发展，有效提高了全村农户的经济收入。同时，健全完善扶贫产业与贫困户利益联结机制，引领贫困群众发展特色产业或参与劳动入股分红，为贫困户创造可持续性收入，有效带动了贫困群众脱贫增收。

创新思路，走好脱贫“致富路”。大垭村村民委员会带领全村广大干部群众理清思路、真抓实干，努力探索出适合本村高质量脱贫的致富路子。一是推广订单种植“扩需”。凝聚群众力量，动员全村农户种植蔬菜，大力促进大垭村扶贫超市建设，利用大垭乡扶贫超市的销售资源优势，让在家并有劳动力的贫困户实行订单种植，促进发展“产业脱贫一批”，做到了消费扶贫线上线下遍地开花，应卖尽卖，销售额累计300余万元。二是壮大集体经济“赋能”。全面开发集体资源，利用全村果林、田地资源，成立村果蔬专业合作社。千方百计发展集体经济，消除“空壳村”现象，其中2019年实现村集体经济收入10万元，2020年实现村集体经济收入8.4万元，大垭村村集体经济不断壮大，为推进巩固拓展脱贫攻坚成果与乡村振兴有机衔接持续赋能。

彭水苗族土家族自治县万足镇民政和社会事务办公室

自脱贫攻坚战号角吹响以来，重庆市彭水苗族土家族自治县万足镇民政和社会事务办公室认真实施社会保障兜底工程，满怀为民情怀，精准务实推动民政扶贫各项政策落地落细，“三举措”筑牢脱贫攻坚兜底保障的坚固防线。

提高政治站位，把准脱贫“定盘星”。树牢“四个意识”、坚定“四个自信”、做到“两个维护”，深入学习贯彻习近平新时代中国特色社会主义思想，深学笃用习近平总书记关于扶贫工作重要论述，始终把兜底保障作为脱贫攻坚“五个一批”的重要举措，切实发挥兜底保障解决贫中之贫、困中之困、坚中之坚的托底作用，“兜”住最困难群体，“保”住最基本生活，对标对表抓好落实，全员行动、尽锐出战，集中攻坚、善作善成，确保符合条件的贫困人口兜底保障不漏一户、不落一人，高质量完成脱贫攻坚兜底保障各项任务。

细化工作措施，做足民政“保障功”。一是政策整合“不断档”。认真研究制订全镇脱贫攻坚社会救助兜底脱贫专项行动方案，明确目标任务，做到与脱贫攻坚同研究、同安排、同部署，实现与脱贫攻坚工作无缝衔接。积极整合惠民济困、救灾救济、社会救助、临时救助、困难补贴、大病医疗救助、生产扶持、就业发展、搬迁安置等各项政策措施，全面做到精准兜底帮扶。二是对象排查“防遗漏”。充分利用精准扶贫大数据平台，根据行业审核结果及识别程序，结果交叉互认，把符合条件的困难群众及时纳入低保兜底保障。建立领导包村、职工包组制度，以村为单位，深入农户1500余次，累计摸排545户2142人，建立排查登记台账，核实纳入兜底保障64户190人，纳入贫困建档立卡帮扶的特困户、残疾户53户61人。三是点滴关怀“显真情”。热心关爱特困老人、孤儿、残疾人等困难群众，特别是为确保留守儿童不因家庭贫困而失学、辍学，探索建立万足镇留守儿童项目实验学校，招收留守儿童381人，积极争取社会各界资助资金420余万元，开展心理咨询、疏导4600余人次，亲情聊天2.4万余人次，确保留守儿童身心健康、快乐成长。

精准社会保障，守好群众“防贫线”。一是民政保障惠民生。截至2020年底，全镇为64户190名兜底保障对象发放最低生活保障金549.85万元，累计完成冬令春荒救助1335户4806人共46.85万元，临时救助166户1081人共71.1万元，发放集中供养特困人员生活救助金117.79万元、高龄老人生活补贴49.2万元、残疾人两项补贴45.8万元，为全镇高质量打赢脱贫攻坚战奠定坚实基础。二是动态保障解民忧。对“两不愁三保障”问题实行动态清零机制，为因火灾、地灾造成房屋损毁的黄昌碧等三户落实建房资金4.5万元，联系留守儿童张航航等2人完成亲子鉴定并帮助其顺利入学，帮助廖昌秀等3户申请大病医疗救助11万元，让其顺利渡过难关，有效防止了新的致贫、脱贫人口返贫发生，筑牢了脱贫攻坚兜底保障的坚固防线。

重庆市纪委监委第八监督检查室

重庆市在国家监察体制改革中探索创新，市纪委监委设立第八监督检查室专司民生监督工作。近年来，在市纪委常委会领导下，该室深学笃用习近平新时代中国特色社会主义思想，增强“四个意识”、坚定“四个自信”、做到“两个维护”，以强烈的政治自觉和政治担当，把脱贫攻坚监督作为重要政治任务摆在突出位置，持续深化扶贫领域腐败和作风问题专项治理，为如期打赢脱贫攻坚战提供了坚强保障，相关工作得到中央纪委国家监委充分肯定，被《人民日报》、中央电视台等媒体多次推介。

深学笃用习近平新时代中国特色社会主义思想，把扶贫领域监督工作作为重要政治任务抓紧抓实。坚持第一时间学习习近平总书记重要讲话和重要指示批示精神，利用支部集体学习、党员自学、负责同志讲党课等形式，学深悟透、融会贯通。把扶贫领域腐败和作风问题专项治理作为每年重点调研课题，边学习、边调研、边工作、边总结，努力把学习、调研成果转化为推动工作高质量发展的具体安排。紧跟脱贫攻坚形势任务，强化谋划部署和统筹协调，制定《重庆市2018年至2020年开展扶贫领域腐败和作风问题专项治理的工作方案》《持续深化扶贫领域腐败和作风问题专项治理七条措施》《关于巩固拓展脱贫攻坚成果监督工作措施》等文件，组织召开全市专项治理工作推进会，定期召开重点区县工作例会，建立扶贫领域监督执纪问责11项配套制度，完善纪检监察内部协作及外部联动监督机制，加大业务培训和督查考核力度，推动扶贫领域监督工作走深走实。

围绕中心、服务大局，持续加强对学习贯彻习近平总书记关于扶贫工作的重要论述和党中央脱贫攻坚重大决策部署落实情况的政治监督。紧紧盯住责任制“牛鼻子”，通过实地调研、暗访随访、约谈提醒等方式，加强对党委政府履行脱贫攻坚主体责任情况的监督检查，严肃查处责任不落实、作风不扎实等问题。印发《关于进一步加强脱贫攻坚政策资金项目落实情况监督工作的通知》，督促开展扶贫资金项目大排查、大起底，定期开展专项督查，推动资金项目精准有效落地。因时因势调整监督重点，加强对“两不愁三保障”政策落实、防止因疫因灾返贫致贫、脱贫摘帽后“四个不摘”及脱贫攻坚专项督查、普查等工作情况的专项监督，护航全市定点攻坚战、百日大会战、收官大决战“三大战役”，确保脱贫攻坚“成色”。抓紧抓实中央专项巡视及“回头看”反馈意见整改，认真履行委整改办职责，第一时间制定委机关及牵头市委两个专项小组整改落实方案，细化工作措施，项目化清单化推进落实；配合委领导对贫困区县定点包干、重点部门开展个别督导，会同市扶贫办开展督查检查，督促扶贫领域各类问题集成整改、一体整改；坚持优先处置、重点督办，确保专项巡视及“回头看”移交问题线索高质高效办结。

坚决整治扶贫领域腐败和作风问题，不断提升群众获得感、幸福感、安全感。坚持严格的主基调，紧盯脱贫攻坚重要部门、关键岗位、重点人员，坚决查处扶贫领域贪污挪用、截留私分、虚报冒领等腐败问题和形式主义、官僚主义问题；常态化、滚动式、多轮次交办督办，筛选典型问题挂牌督办、直查直办，形成有力震慑。坚持把扶贫领域案件“剖开来”看，定期通报曝光，指导区县深化拓展“以案四说”警示教育，全面开展“以案四改”，一体推进不敢腐、不能腐、不想腐。通过发出纪检监察建议等形式，督促有关单位举一反三整治社会经济组织骗取扶贫财政补贴、惠民资金“一卡通”、贫困群众困难补助、公益林补偿、救灾救济款物管理等领域突出问题，推行基层党员干部亲属涉权事项公开制度精准防治“微腐败”，指导云阳等区县运用大数据手段加强资金监管，多渠道维护群众切身利益，让群众获得感成色更足、幸福感更可持续、安全感更有保障。

美丽乡村

中共重庆市委办公厅扶贫集团驻石柱土家族自治县中益乡工作队

工作队自2017年9月入驻中益乡以来，深学笃用习近平总书记关于扶贫工作重要论述，在以陈敏尔书记为指挥长、王赋秘书长为常务副指挥长的中益乡脱贫攻坚工作指挥部的坚强领导下，扎实贯彻“四个深度发力”要求，认真履行组织、指挥、协调、监督职能职责，用心用情用力开展帮扶，得到了各级领导肯定认可和当地干部群众的一致赞誉。2019年4月15日，习近平总书记亲临中益乡视察，对当地脱贫攻坚工作给予了充分肯定。

强化统筹协调。积极主动对接市级部门和企事业单位，协调扶贫资金2.5亿元、扶贫捐款0.2亿元，组织实施交通、住房、环保等89个扶贫项目，新建改建公路167.5公里，新建扩建水厂2个、饮水池143个，维修改造房屋598户，新建易地扶贫搬迁集中安置点5

处、安置农户206户，新建幼儿园、卫生院、康养院、派出所、邮政局和7个村的便民服务中心，极大改善了当地的生产生活生态条件。强化产业扶贫。牵头引进企业7家，种植中药材、特色果蔬等1.8万亩，养殖中蜂8000群，农户通过产业结构调整户均增收6000元。大力发展乡村旅游，发展农家乐117家，打造偏岩坝、官田驿等农家乐集中点6处和大湾民宿、全家院子等特色民宿4处，建设扶贫车间和扶贫工坊5个，引进重庆市餐饮协会企业开展一对一帮扶，2020年接待游客2万余人次，实现旅游收入500万元，极大发挥了产业扶贫的带动作用。

强化创新引领。有序推进“三变”改革，指导7个村成立集体股份制公司或专业合作社，因地制宜发展种植养殖、农特产品加工销售和旅游业，全乡集体经济实现产值3000多万元、收入400多万元，全面消除空壳村。创新利益链接机制，探索农户以闲置房屋和劳务入股、村集体以自然资源入股的民宿发展模式，让沉睡的资源活起来。推行黄精、瓜蒌等产业“返包”责任制，既解决管护难题，又增加农户收入。协调金融机构开展林权抵押贷、“黄水人家贷”等试点工作，解决了产业发展资金短缺问题。

强化消费扶贫。牵头开展3场电商直播带货，开设京东、淘宝扶贫馆，在市委办公厅扶贫集团成员单位开设周末扶贫集市，积极参加各类扶贫展销活动，共帮助销售农特产品2000多万元。

强化“智志双扶”。加强扶贫政策宣讲和扶贫技能培训，建立乡风文明积分机制，帮助农户提炼家风家训，开办“新时代文明实践站”，成立小蜜蜂志愿队，贫困群众的内生动力显著增强。深入开展村党支部作风教育整顿和能力提升活动，创新开展“三三联动”抓党建促脱贫攻坚活动，不断增强基层党组织的凝聚力战斗力，努力打造一支“不走的工作队”。

经过三年多的努力，中益乡面貌发生了翻天覆地的变化，工作队也赢得了当地党委、政府和广大干部群众的广泛赞誉。根据第三方普查结果，全乡贫困群众对脱贫攻坚带来生产生活变化的认可度达100%，对驻乡驻村工作队工作认可度达100%。工作队2019年、2020年连续两年获全市脱贫攻坚先进集体，1名队员荣获全国脱贫攻坚先进个人，1名队员荣获全国民族团结进步模范个人，3名队员荣获全市脱贫攻坚先进个人。

重庆市文化旅游委扶贫集团驻酉阳土家族苗族自治县车田乡清明村工作队

酉阳土家族苗族自治县车田乡清明村是重庆市100个定点脱贫攻坚村之一。自2017年9月以来，重庆市文化和旅游发展委员会扶贫集团驻酉阳土家族苗族自治县车田乡清明村工作队坚持目标导向、问题导向、结果导向，在市林业局等帮扶单位的大力支持下，通过深入推进脱贫攻坚工作和各项政策措施落实，协助村支“两委”团结带领全村村民，充分调动群众的积极性，着力构建党委政府主导、全村上下共同参与的“大扶贫”格局，扶贫脱贫工作成效显著。

集中力量解决好“两不愁三保障”突出问题。工作队以保障和改善民生为重点的惠农政策落实为重点，着力解决村民最关心、最直接、最现实的问题，共计完成易地扶贫搬迁109户，C、D级危房改造38户；驻村工作队带头翻山越岭寻找水源，落实修建分散供水水池23口，铺设自来水管网50公里，解决院落饮水难的问题；拓宽改造村内干道15公里，建设村组道路和四好农村路40多公里，新修产业路30多公里，实现每家每户“雨天不沾泥，晴天不沾灰”；加强教育医疗保障工作，落实全村义务教育阶段学生385人教育保障政策；落实全村2292人新农合医保，参合率达100%。

千方百计创新扶贫方式方法，变“输血”为“造血”。积极做好产业扶贫，学好用好“两山论”，走深走实“两化路”，累计争取扶贫发展资金约4500万元，实施产业扶贫项目38个，搭建起“顶罐洞”电商平台促成农产品变商品，采用“集体经济组织+实施主体+基地+农户”的方式，实施覆盖所有贫困户的“三金”分配模式，老百姓就近务工，户均每年增收2000元以上。扎实做好林业科技扶贫，发展油茶4000亩、吊瓜150亩、桃李经果林800亩、茶叶200亩，变撂荒地为“金山银山”，与重庆市林业科学研究院、西南大学合作成立油茶、叶用枸杞研究所，加大科技成果转化和科技支撑力度，建起油茶种苗繁育基地共200亩，探索并推广“油茶+枸杞”种植模式300亩，开发出以枸杞叶为原料的蔬菜、芽茶、面条、天精粉等特色产品，建立了枸杞芽茶、枸杞面加工厂房，并注册了产品商标，积极推动产品销售渠道，其中枸杞芽茶获出口日本备案证明，2020年产品销售额近200万元级；发展农家乐“森林人家”“桃源人家”20家，2020年营业额最高的一家达到28万元，真正实现一、二、三产业融合发展，壮大村集体经济，带动全村百姓增收致富。

持续建强扶贫一线战斗堡垒。进一步融洽党群关系，工作队“吃在村”“住在村”“干在村”，长期深入贫困户进行帮扶走访，先后走访贫困户5000余次，召开村、组、院坝等各类会议500余次，深入实施“志智双扶”，多次开展“扶贫政策宣讲会”“讲习所”激发老百姓内生动力，帮助老百姓修电、修水、做农活，与老百姓打成一片，成为一家人，主动当好宣传员、联络员和服务员，让贫困群众感受到党和政府的温暖。扎实推进基层党组织建设，开展集中学习50次，召开党员大会20次、支部会议97次，上党课33次；积极推进落实村支委基本职责、“三会一课”、党风廉政建设、民主监督机制等规章制度，培养致富带头人5名，入党积极分子8名，充分发挥党支部战斗堡垒和党员先锋模范作用，做到了“不掉一户、不落一人”。清明村2020年实现全村贫困户890人全部如期脱贫，贫困发生率从2014年的38.8%下降至零。清明村先后被评为重庆市首批乡村旅游重点村、重庆市休闲农业和乡村旅游示范村、鲁渝乡村旅游扶贫示范村。

党的十八大以来，在党中央和市委坚强领导下，重庆市扶贫办深入贯彻落实习近平总书记关于扶贫工作重要论述和视察重庆重要讲话精神，尽职履责、尽锐出战，为全市高质量打赢脱贫攻坚战做出了卓越贡献。18个重点区县全部摘帽，1919个贫困村全部出列，动态识别的190.6万名建档立卡贫困人口全部脱贫。2019年4月，习近平总书记视察重庆时指出，“党的十九大以来，重庆聚焦深度贫困地区脱贫攻坚，脱贫成效是显著的”；“重庆的脱贫攻坚工作，我心里是托底的”。

政治坚定，是脱贫攻坚政治责任的坚定“践行者”。一是坚决贯彻落实党中央决策部署和市委工作要求不走样。对标对表中央部署和市委要求，牵头起草《关于打赢打好脱贫攻坚战三年行动的实施意见》《关于贯彻落实习近平总书记在解决“两不愁三保障”突出问题座谈会上重要讲话精神的实施意见》等重要文件29个，精准构建脱贫攻坚“四梁八柱”，全面细化脱贫攻坚时间表、路线图。二是坚决扛起主责主业不打折。切实履行扶贫开发领导小组办公室履行“统筹责任”，压实压紧行业部门和区县的攻坚责任，建立常态化督查巡查制度，统筹推进中央脱贫攻坚专项巡视反馈等各类问题整改，实施最严格的考核评估，确保脱贫攻坚责任、政策、工作落实到位。

业务精湛，是脱贫攻坚决策部署的坚决“执行者”。一是紧扣“精准识别”，建立健全“八步两评议两公示一比对一公告”工作流程。细化识别和退出政策标准，建立“八步两评议两公示一比对一公告”识别流程，切实扣好“第一颗扣子”。二是紧扣“高质量脱贫”，推动建立“两不愁三保障”突出问题“常态排查、动态监测、对账清零”工作机制。组建“市领导挂帅+主管部门牵头”专班，实行月通报、月调度、月清零机制，动态解决“两不愁三保障”问题。三是紧扣“攻克深贫”，推动建立市领导“定点包干、蹲点督导、抓点示范”推进机制。18个深度贫困乡镇每个乡镇成立1个脱贫攻坚工作指挥部，三年规划实施项目2071个，贫困发生率从2015年的18.24%降至零。四是紧扣“产业扶贫”，推动构建以“山地农业、山地旅游”为主导的扶贫产业布局。采取“公司+合作社+农户”等模式，创建市级以上特色农产品优势区21个、“一村一品”示范村433个。习近平总书记在2020年全国两会期间点赞重庆旅游扶贫。五是紧扣“有效衔接”，取得了巩固拓展脱贫攻坚成果同乡村振兴衔接“谋划早、试点新、措施实”的良好开局。制订工作方案，有序推进衔接试点工作。胡春华副总理2020年7月到重庆调研并主持召开部分省区市脱贫攻坚与乡村振兴战略有机衔接工作座谈会，对重庆市开展衔接试点工作给予肯定。

作风优良，是脱贫攻坚冲在一线的顽强“尖刀排”。一是以“四自要求”确保信念坚定。办党组提出自律其身、自律其位、自律其权、自律其行“四个自律”要求，做到人人都是“一面旗帜”。二是以“三上讲台”确保能力过硬。常态化、制度化开展领导上台讲要求、处长上台讲业务、职工上台讲建议“三上讲台”活动，推动各项工作争先进、创一流。三是以“三全精神”确保作风过硬。在办机关倡导全力以赴、全面精准、全员无休“三全精神”，全办干部职工主动作为、勇挑重担，人人都是“拼命三郎”。

1990年，中国致公党重庆市委会7人小组奔赴老少边穷的酉阳县，开启了致公党以“智力支边、科技扶贫”为主题的“致酉合作”30年征程。2015年，致公党重庆市委会将“致酉合作”融入国家脱贫攻坚大局，从产业扶贫、教育扶贫、健康扶贫三个方面精准发力，与酉阳人民守望相助、携手奋战，共同见证了酉阳人民决战脱贫攻坚，实现脱贫摘帽奔小康的奋斗历程，共同谱写了民族团结、多党合作共襄盛举的动人篇章。

党的十八大以来，致公党重庆市委会先后为酉阳县实施帮扶项目266项，捐赠和投入资金4420余万元，捐建两个“双向远程教学站”、6个科普中心、11个“致公书屋”；援建两家乡镇卫生院、5个村级卫生室；组织专家学者完成培训6109人次，通过消费扶贫完成农产品销售1200余万元。

尽锐助战，产业扶贫谋出路

科学规划引领产业发展。组织专家学者千余人次分批次深入酉阳37个乡镇，行程2.5万余公里，精心编制了《酉阳中药材发展规划》《酉阳畜牧业发展规划》和《酉阳文化旅游业发展规划》，为酉阳的产业发展做出了基础性贡献。

特色产业实现减贫增收。一是建成各类特色产业基地130万亩，其中油茶26万亩、茶叶11万亩、青花椒22万亩、中药材29万亩，120个贫困村12.5万贫困群众因此实现了稳定增收。二是指导35个贫困村发展“酉州乌羊”“麻旺鸭”等特色养殖业，实现年产值近16亿元，带动1467户贫困户实现稳定增收。

电商扶贫惠及千家万户。创新打造了“酉好货”电商平台、致公扶贫电商创业园，开展消费扶贫和电商创业创新培训。“酉好货”累计消费用户1.5万余人，产品销往全国27个省份，实现年交易额500万元，带动39个贫困村800余户贫困户顺利脱贫。

参政建言破解发展瓶颈。开展脱贫攻坚民主监督，每年组织专家赴酉阳开展专题调研，完成12份决策咨询调研报告，完成8项市级重点调研课题，通过政党协商、政协协商等渠道为酉阳发展争取政策支持。

扶志启智，教育扶贫利长远

兴学助教为山区教育提质增效。一是捐建了15所致公希望小学。二是每年举办暑期乡村中小学骨干教师培训班，为酉阳培养并留住了200多名中青年骨干教师。三是开展致公党员“一对一”结对帮扶贫困学生活动，帮助1.3万余名贫困学生更好地学习和成长。

职教帮扶为贫困家庭播种希望。依托重庆机械电子高级技工学校开办“致公酉阳班”，招收1668名酉阳籍贫困学生，设立致公奖（助）学金，累计减免学杂费417万元，发放奖学金101万元，1371名毕业学生百分之百实现稳定就业，成为家庭脱贫致富的顶梁柱。

技能培训为乡村振兴培育人才。先后组织20余支技术团队赴酉阳50多个贫困村，开展以乡村旅游和农家菜厨艺培训为主题的技能培训60余场次，参训人数累计超过4000人次，300余名“知识农民”从中脱颖而出，成为当地“脱贫先行者”和“致富带头人”。

龙多山下丰收景象

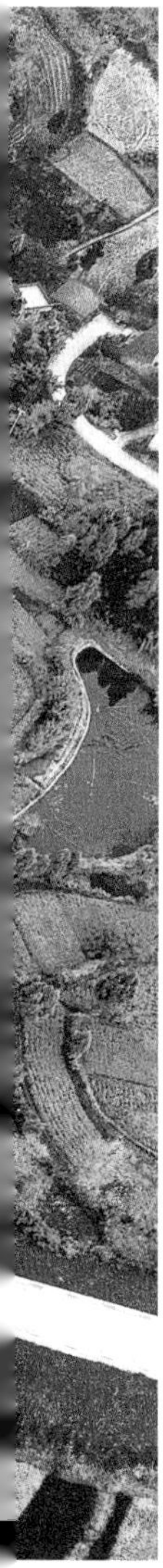

送诊帮医，健康扶贫惠民生

致福送诊力阻因病致贫返贫。先后12次组织全国一流的医疗专家团队，赴酉阳开展“致福送诊”义诊活动，累计接诊2万余名困难群众，完成数十台公益援助手术，累计发放价值100余万元的药品，直接惠及1.3万余个贫困家庭。

倾情援助补齐基层医卫短板。一是向3家乡镇卫生院捐助了X射线摄影DR系统、三氧治疗仪等价值400余万元的医疗设备。二是为酉阳李溪乡镇卫生院捐赠现代远程诊疗系统，直接连线重庆医科大学附属一院，实现了优质医疗资源的精准持续供给。三是在新冠疫情严峻时期，向酉阳捐赠了价值20余万元的防护用品，帮助酉阳抗击疫情。

以侨为桥，制度优势传四海

充分发挥侨海联系广泛的优势，努力讲好脱贫攻坚中国故事。一是帮助酉阳争取到30多位华人华侨500多万元的教育、医疗定向捐款。二是组织海外洪门社团负责人赴酉阳考察，让侨胞们感受和见证酉阳脱贫攻坚的伟大实践，向海外华侨华人、国际友人讲好脱贫攻坚的中国故事，向世界传播中国特色减贫扶贫的实践、智慧和经验。

“致西合作”作为致公党落实习近平总书记关于脱贫攻坚重要论述的有力抓手，是中国特色社会主义参政党在脱贫攻坚伟大实践中对新型政党制度优越性的生动诠释。“致西合作”已经成为中国特色社会主义参政党建设国家、服务经济社会发展的突出品牌。

重庆文理学院教育扶贫工作办公室

重庆文理学院教育扶贫工作办公室坚决贯彻落实习近平总书记关于扶贫工作重要论述和党中央关于脱贫攻坚决策部署，统筹协调全校脱贫攻坚和乡村振兴工作，全方位谋划、全要素支持、全过程参与，为重庆脱贫攻坚事业交出一份精彩的文理答卷。

人才培养聚力脱贫，阻断贫困代际传递。组建市属本科高校第一所“乡村振兴学院”，牵头成立成渝地区双城经济圈“乡村振兴学院联盟”，联合地方筹建“重庆乡村振兴研究院”；推动全科教师培养，为贫困地区中小学培养师资1038人；为贫困地区定制并组织实施培训2400余人次；选派1000余名大学生到贫困地区农村中小学顶岗支教；发挥学校非遗竹编优势，先后为100余位贫困残疾人免费传授竹编技艺并帮助解决就业创业问题。

科技文化赋能脱贫，服务产业提质增效。先后承担脱贫攻坚或乡村振兴国家级课题30项，省部级课题127项，形成成果171项，6项脱贫攻坚或乡村振兴资政报告得到省部级领导肯定性批示；完成乡村振兴规划设计43项；水环境修复团队治理乡村河段12条；助推10余个贫困区县打造近50个项目进入国家级、市级非物质文化遗产名录；组建10余个专家团队，开展技术培训近200次，带动5600余户贫困户脱贫。

尽锐出战一线扶贫，多批干部驻乡驻村。重庆文理学院教育扶贫工作办公室是全市教育系统唯一连续7年选派扶贫干部的单位，2位同志先后两次担任扶贫干部，目前仍有5人坚守一线攻坚；扶贫干部坚守基层，坚持“战疫”“战贫”两手抓的事迹受到当地一致称赞；选派的驻乡（村）干部中2人为市级脱贫攻坚集体记功成员，2人获得市级脱贫攻坚个人嘉奖，1人获评“重庆市教育系统优秀共产党员”，1人获评“青年行业标兵”。

全力以赴助力脱贫，凝心聚力协同作战。组建20个联合帮扶小组对口帮扶巫溪县天元乡，确定党建结对帮扶、技术产业扶贫等7个专项行动，推出17项具体举措，针对结对帮扶对象，“一对一”筹划帮扶方案，“一对一”制订脱贫工作台账；近三年，学校各帮扶小组、专家团队、科技特派员、党员干部、学生志愿者先后前往巫溪县天元乡及其他贫困地区500余人次；组建市级、校级学生团队100支，组织学生1500余人次开展“三下乡”活动；定期在校内组织消费扶贫展销活动，消费总金额达到150余万元，承办的市级扶贫产品展销会促成年度定向采购金额1200余万元；助力帮扶的县、乡、村整体脱贫摘帽，驻乡（村）干部事迹和重庆文理学院教育扶贫工作事迹先后得到《人民日报》《新华社》《重庆日报》多次报道。

农行秀山支行坚定扛起党中央国务院赋予的定点扶贫责任，通过“五个一”行动聚焦红色基因、红色基金、红色队伍、服务网络、产品创新、信贷投放、定点扶贫、消费扶贫、东西部行扶贫协作“九大工程”，助力秀山县在总行4个定点扶贫县中率先脱贫摘帽，持续巩固脱贫成果。支行扶贫工作得到地方政府及监管部门的充分肯定，被新华社、人民网等多家媒体宣传报道110余次，先后荣获“全国金融五一劳动奖状”“2020年重庆市脱贫攻坚先进集体”等多项荣誉称号。

高举“一面旗帜”“引”。主动扛起金融服务脱贫攻坚的政治责任，创造性探索“党建+扶贫”模式。创新“红色基因”新形式，通过党建共建，送理念、送政策、送知识、送技能、送文化、送温暖“六送行动”，建立多层次立体化党建扶贫体系。创新

"红色基金"新模式，创立乡村振兴产业发展、"三变"改革、大病救助、爱心救助等专项基金，推广"农银汇理秀山一年期基金"，并将部分基金管理费用于解决秀山县"两不愁三保障"突出问题，形成市场化的帮扶救助机制。创新"红色队伍"新机制，总分支行累计派驻10名扶贫干部深入贫困村实施驻点帮扶，践行以人民为中心的发展思想。

发挥"一个带动""帮"。积极开展"产业+扶贫"，累计投入和引进帮扶资金达6092.8万元，用于66个帮扶项目建设；累计投放各项贷款135亿元，居渝东南片区金融机构首位，并连年保持了信贷投放、扶贫小额贷款、精准扶贫贷款、带动贫困人口"四个第一"。创新推出"5+3"惠农e贷产品体系，余额3.49亿元，全覆盖支持秀山具有优势的5个第一产业和3个第三产业，贷款余额和增量在总行4个定点扶贫县中"一大于三"。创新探索"消费+扶贫"模式，主办的公益消费扶贫直播销售农产品4.5万单、415万元；连续三年捐赠资金398万元举办"中国农业银行杯青年电商大赛"，累计在线销售5.5亿元农产品。

聚焦"一个群体""扶"。围绕巩固"两不愁"成果，创新推出"金穗精准脱贫致富贷"产品，累计发放5515户、2.23亿元，发放笔数和金额均居同业第一。全面实施"信用村、信用户"创建工程，深入推进农户信息建档，运用"十步法"完成27个乡镇街道、208个行政村、11511户农户建档，综合授信金额3.9亿元。在系统内率先成立"农行支教学堂"，累计开设美术课、武术课88期，惠及161名贫困学生及留守儿童。

筑牢"一个阵地""便"。始终致力于解决农村地区金融服务"最后一公里"问题，在深度贫困乡镇隘口镇开设人工物理网点，建设重庆金融系统第一家乡镇"5G+场景"智慧银行，惠农服务点实现全县208个行政村全覆盖，打造形成"营业网点+自助银行+金融便利店+惠农通服务点+惠农e通'四融'平台+网上银行+手机银行"的全方位服务平台渠道体系。

把握"一个关键""推"。通过多方借力，积极联系广东分行开展东西部行扶贫协作，争取到850万元无偿捐赠资金，引进广东中兴绿丰公司，组织秀山扶贫干部和贫困农户等100人次到华南农业大学参加业务培训，帮助秀山销售农产品1216万元，并与秀山签订了消费扶贫帮扶战略合作协议，凝聚起定点扶贫的强大合力。

重庆高速集团自脱贫攻坚战打响以来，坚决贯彻落实党中央关于脱贫攻坚决策部署，坚持精准扶贫精准脱贫基本方略，统筹抓好“战疫”与“战贫”，切实履行国企政治担当、责任担当、使命担当，为坚决夺取脱贫攻坚战全面胜利、确保全面建成小康社会贡献国企力量。

坚持党建引领驱动，在“立根铸魂”上下功夫。一是绷紧思想之弦。坚持把学习贯彻习近平总书记关于扶贫工作的重要论述作为党委会“第一议题”，纳入主题教育、理论学习中心组、“三会一课”、主题党日学习，累计专题研究部署脱贫攻坚35次。**二是拧牢责任之链。**严格落实一把手负责制，建立“主要领导一手抓、分管领导具体管、班子成员合力抓”责任体系，构建“年初安排部署、年中检查调研、年底对账讲评”督查机制，纳入业绩考核并与薪酬挂钩，班子成员带队实地帮扶110余次。**三是施好精准之策**。科学制订脱贫攻坚工作方案，开展“访深贫、促整改、督攻坚”活动，按年度签订任务书、分季度绘出路线图、以月度打卡跟进表，强化精准施策、精准帮扶。**四是铆足决战之力**。集团所属8个党支部与8个贫困村社、23名贫困家庭大学生、12户建档立卡困难户开展结对帮扶，择优选派高级工程师赵勇同志作为城口县北屏乡苍坪村“第一书记”，助力该村建卡贫困户84户317人全部实现脱贫摘帽。

坚持精准方略带动，在“造血夯基”上做文章。**一是产业扶贫“激活力”**。联合帮扶乡镇北屏乡打造房车露营基地、蜂蜜集体经济组织，投资4000万元与城口县联办新材料公司，实现年采量100万吨，助力打造“高速+生态+旅游”产业发展。**二是就业扶贫“添动力”**。优先招用、尽量多用贫困地区劳务人员，开展技能和就业培训45场次，为贫困大学生提供就业岗位288个，培育出致富能手、种植大户、青年创业人30余名。**三是教育扶贫“强内力”**。坚持“智志双扶”，建立扶贫教育基金，向城开高速沿线贫困学生捐赠助学金23万元、教育物资7.8万元。**四是捐资扶贫“赋助力”**。累计扶贫捐款2773万元，新冠疫情专项捐款285万元，无偿提供价值140万元的扶贫宣传广告牌。**五是消费扶贫“聚合力”**。搭建“同心扶贫”线上平台，打造覆盖全市18个深度贫困乡镇农产品的“1+12”服务区扶贫专馆专柜，带动销售扶贫产品160万元；举办“赶年节”“爱心购”“高速带你去赶集”等消费扶贫活动21场次，集团各食堂采购扶贫产品400万元，疫情期间职工爱心认购扶贫产品70万元。

坚持行业优势拉动，在“服务民生”上求突破。**一是依托项目建设抓帮扶**。加快国家精准扶贫高速公路重点项目建设，城开高速已完成投资102.9亿元，项目进度达到60%，2021年上半年提前通车50.27公里，全力打通大巴山地区致富路、小康路，巫云开高速正筹备开工建设。**二是立足专业优势抓帮扶**。发挥国企在产业、资金、就业等方面的比较优势和专业专长，优先采购本地建筑材料，优先租用本地器材设备，优先接纳本地工人，优先使用贫困户到道路养护及高速收费等岗位从业，积极为贫困地区创造收益，为沿线1000余名群众提供就业机会。**三是聚焦民生实事抓帮扶**。投资1.2亿元帮助当地改善路网结构、提升公路等级，捐款800万元用于深度贫困乡镇鸡鸣乡修建产业路，先后筹集资金270万元援建人行便桥6座、饮蓄水池10个、民生产业路1条、广播音响设备1套、安装LED照明路灯151盏、分类垃圾桶380个，切实解决贫困群众饮水、出行和生产生活等民生问题。

2016年以来，金科集团积极响应精准扶贫国家战略，主动履行企业社会责任，通过产业扶贫、就业扶贫、教育扶贫、公益慈善扶贫、医疗扶贫等方式，开展复合式、深层次扶贫工作，累计投入5.38亿元在重庆11个区县、26个乡镇、95个村开展产业扶贫、消费扶贫、教育扶贫、医疗扶贫、基础设施扶贫和公益慈善扶贫等工作，变“大水漫灌”为“精准滴灌”，辐射带动超2万户建档立卡贫困户脱贫增收，为当地贫困群众的生活生产条件改善和重庆决战决胜脱贫攻坚贡献了民企力量。

以产业扶贫引领供给侧结构性改革，激发经济活力和内生动力。坚持把产业扶贫作为稳定脱贫的根本之策，以产业发展引领供给侧结构性改革，助力规模化、标准化、品牌化和市场化的“一村一品”建设。5年累计投入近2亿元，在石柱县中益乡、奉节县平安乡、巫溪县天元乡、城口县沿河乡等地打造产业扶贫项目8个，辐射带动上万名群众脱贫致富。

用消费扶贫构建“从田间到餐桌”供应链最短的扶贫服务网络。统筹用好自有社区平台资源，通过举办社区直采、投放全国首批消费扶贫专柜等方式，将金科150万户中产家庭、500万业主与消费扶贫直接联通，5年累计消费农副产品超2000万元。捐资2000万元打造中国西南消费扶贫中心，统筹西部11省、全市33个有扶贫开发任务区县已全部入驻并完成扶贫产品布放陈列，汇聚扶贫产品3000余个，通过常态化举办“消费扶贫活动周”“乡村旅游扶贫推广周”“东西协作消费扶贫活动”等系列活动，积极发挥市场优势，拓宽线上线下销售渠道，助推贫困群众种（养）得上、长得好、卖得出、有收益。

坚持基础设施扶贫筑牢脱贫根基，打通供需“最后一公里”跑道。坚持将基础设施作为脱贫的根基、致富的“跑道”。2016年以来在重庆市石柱、忠县等11个区县投入1.38亿元，帮助修建硬化道路24公里，建设修缮民居、学校、停车场等基础设施20余座，帮助5000余户贫困群众危旧房改造，提升居民人居环境，激活当地旅游康养资源，盘活农民稳定增收存量，带动贫困地区近50万人次就业。

用爱心温暖人心，凝聚美好向上的力量。以“智志双扶”阻断贫困代际传递，通过开展“送优秀贫困大学生上大学”爱心援助，成立“金科星光班”“金科光华班”，发放大学生助学礼包等形式，捐资1800万元资助贫困大学生2100多名、留守儿童5000余名。以“扶危济困”凝聚美好向上力量，每年投入不低于300万元，通过“情暖万家”“红太阳工程”“专项慰问”“志愿服务”“环保公益”等多种形式，定期对留守儿童、“三无”老人、特困家庭等实行专项帮扶和兜底帮扶，主动为贫困群众送上温暖，传递美好，目前已累计有10万户贫困家庭受益。

近年来，重庆市慈善总会坚持以习近平新时代中国特色社会主义思想为指引，深入贯彻习近平总书记视察重庆重要讲话精神和市委、市政府决策部署，凝心聚力，聚焦助推脱贫攻坚取得显著成效。2016—2020年，共计筹募款物32.75亿元，各类慈善救助总支出30.78亿元。其中用于全市脱贫攻坚的款物共计24.67亿元，占同期总支出的85%以上，帮扶贫困人口123万人次，成为重庆社会力量扶贫的主力军。

开展产业扶贫，增强贫困地区“造血”功能。五年总计募集投入产业扶贫资金5.39亿元，帮助石柱、云阳、彭水、城口等18个区县贫困镇村改善基础设施、发展特色产业、发展农产品深加工、林下经济、种养殖业、电商平台等，为贫困村打造“一村一品”特色产业，实现农民增收，切实增强了贫困村“造血”功能。如组织爱心企业帮助石柱县中益乡因地制宜发展中蜂产业，构建“花卉种植+中蜂养殖+精深加工”全产业链，通过现代农业和乡村旅游融合发展，让贫困群众吃上“旅游饭”。帮助奉节县平安乡打造豆腐柴产业（中药材）扶贫基地，帮助草堂镇打造猕猴桃产业扶贫基地等，带动农民就业增收等。

开展健康扶贫，助力防止因病致贫因病返贫。五年用于健康扶贫的款物13.28亿元。在13个贫困区县分别设立各1000万元以上的大病医疗救助基金，累计资助贫困患者20多万人次；援助药品11.31亿元，救助贫困癌病患者6.45万人次；引导企业捐赠医疗器械2700多万元，为贫困地区基层医院改善医疗设施；开展慈善医疗救助项目，救助贫困患者10余万人次。

开展教育扶贫，精准扶智点亮乡村希望。五年用于教育扶贫的资金共3.57亿元。资助贫困区县3.5万名贫困学子完成学业，为贫困山区捐建2所希望小学，为28所山区学校增添教育设施。总会教育扶贫社会影响广泛，清华大学五道口产融CEO班学员在总会设立专项慈善基金参与教育扶贫，著名媒体人孟非联合乡村基、德庄集团在总会设立“西部之星”助学基金，资助大中小学贫困生顺利完成学业。

开展对口帮扶，两村顺利实现脱贫。筹集资金595万元，帮扶云阳县龙洞镇朝阳村发展核桃、葱花等产业，修建蓄水池、硬化村级道路等，2018年该村实现脱贫。派出1名工作人员到泥溪镇胜利村担任第一书记，圆满完成扶贫任务。

拓展城乡济困帮扶，惠及数十万困难群众。2016年以来，总会累计筹集款物5863万元，开展“慈善情暖万家”慰问、关怀孤寡老人、社区困难群众救助等城乡助困活动，10万余名困难群众受益。先后筹资定制10辆助浴专用车，实施“重庆市慈善总会助浴快车”项目，已为1.2万名失能半失能老人提供免费洗浴。

图书在版编目（CIP）数据

重庆脱贫攻坚先锋：全国脱贫攻坚奖获得者先进事迹：重庆卷 / 重庆脱贫攻坚创新实践丛书编写组组编. -- 重庆：重庆大学出版社，2021.11
（重庆脱贫攻坚创新实践丛书）
ISBN 978-7-5689-2994-3

Ⅰ. ①重… Ⅱ. ①重… Ⅲ. ①扶贫—先进工作者—先进事迹—重庆 Ⅳ. ① K820.871.9

中国版本图书馆 CIP 数据核字（2021）第 214074 号

重庆脱贫攻坚创新实践丛书
重庆脱贫攻坚先锋——全国脱贫攻坚奖获得者先进事迹（重庆卷）
CHONGQING TUOPIN GONGJIAN XIANFENG
——QUANGUO TUOPIN GONGJIANJIANG HUODEZHE XIANJIN SHIJI（CHONGQING JUAN）
重庆脱贫攻坚创新实践丛书编写组 组编

主 编 魏大学 执行主编 孙小丽
副主编 牛文伟 杨 勇 谭其华
特约策划：皮永生 策划编辑：张菱芷
责任编辑：刘雯娜 版式设计：张菱芷
责任校对：王 倩 责任印制：赵 晟
*
重庆大学出版社出版发行
出版人：饶帮华
社址：重庆市沙坪坝区大学城西路 21 号
邮编：401331
电话：（023）88617190 88617185（中小学）
传真：（023）88617186 88617166
网址：http://www.cqup.com.cn
邮箱：fxk@cqup.com.cn（营销中心）
全国新华书店经销
印刷：重庆新金雅迪艺术印刷有限公司
*
开本：787mm×1092mm 1/16 印张：14.25 字数：259 千
2021 年 11 月第 1 版 2021 年 11 月第 1 次印刷
ISBN 978-7-5689-2994-3 定价：88.00 元
